知识就在得到

A
Comprehensive
Mirror
to Aid in
Government

Series.IV

资治通鉴

熊逸版

熊逸 著

第四辑 汉家隆盛 ④

Xiong Yi
Edition

新星出版社　NEW STAR PRESS

目录

第四册

073 王夫之怎么理解华夏版图　　649
074 汲黯是一个什么样的人　　657

——汉武帝元光元年

075 人才察举制是怎么开始的　　665
076 李广和程不识治军有什么不同　　672

汉纪十

世宗孝武皇帝上之下

——汉武帝元光二年

077 李少君的说服术高明在哪里　　687
078 伏击匈奴的方案是怎么出台的　　696

——汉武帝元光三年

079 汉武帝为什么听任江河决口　　709
080 灌夫是怎么得罪田蚡的　　713

——汉武帝元光四年
081 窦婴和灌夫为什么会是悲剧结局　　722
082 古人为什么容易厚古薄今　　729

——汉武帝元光五年
083 汉武帝为什么不喜欢刘德搞儒学　　737
084 唐蒙是如何发现了征服南越的新路线　　745
085 贵州一带是如何进入了汉朝版图　　753
086 司马相如贡献了多少文化语码　　759
087 《喻巴蜀檄》有什么划时代意义　　769
088 司马相如是怎么让西南夷诸部归附的　　776
089 《难蜀父老》如何理解汉朝和蛮夷政权的关系　　784
090 汉武帝是怎么处理陈皇后巫术案的　　791
091 董偃是怎么得宠又失宠的　　799
092 司马相如怎么写下传世名篇　　808
093 公孙弘是怎么时来运转的　　815
094 公孙弘的为官智慧是什么　　824

——汉武帝元光六年
095 卫青是怎么从奴隶到将军的　　832

——汉武帝元朔元年
096 李广是怎么被再次启用的　　842

073

王夫之怎么理解华夏版图

闽越国一分为二，越繇王骆丑和东越王骆馀善双雄并立。悬隔千年来看这段历史，表面上很像汉帝国暗中使坏，为自家边境安全，拆分掉一个强大的闽越国，恶毒地抛下会点燃闽越族人内斗的火种。

但其实，立骆馀善为东越王，纯属武帝为自己找台阶，他心里不知有多憋屈。这件事也证实了田蚡和淮南王刘安先前的判断：越人叛服无常，汉帝国若要管人家的事，一旦开了先例，就不好收场，今后管也不是，不管也不是。

赵胡装病

原文：

上使庄助谕意南越。南越王胡顿首曰："天子乃为臣兴兵讨闽越，死无以报德！"遣太子婴齐入宿卫，谓助曰：

"国新被寇,使者行矣,胡方日夜装,入见天子。"助还,过淮南,上又使助谕淮南王安以讨越事,嘉答其意,安谢不及。助既去南越,南越大臣皆谏其王曰:"汉兴兵诛郢,亦行以惊动南越。且先王昔言:'事天子期无失礼。'要之,不可以说好语入见,则不得复归,亡国之势也。"于是胡称病,竟不入见。

无论如何,闽越之乱算是平定了,汉帝国这个大哥可一点没辜负南越国这个小弟,那么接下来,小弟对大哥总得有所表示吧?见南越王赵胡似乎不太机灵,武帝便派庄助出使南越,提点一下。赵胡在庄助面前一副感激涕零的样子,说天子恩情太重,自己虽死也无以为报。而实际行动也必须有,赵胡派太子赵婴齐到汉武帝身边当差,其实就是质子的传统。送太子当人质,这已是质子当中的最高级别。

但还不够,赵胡应亲自造访长安,朝见武帝,面对面确认朝贡关系。

赵胡倒也没有二话,只是向庄助解释:"我们国家刚刚遭受入侵,还有善后工作要做,你们可先走,我这边抓紧,善后工作一结束,就马上进京朝见。"

这话合情合理,也许也是真心实意,只不过庄助走后,南越大臣开始劝谏赵胡,说当初汉军南下,既是讨伐闽越,也是震慑南越,且先王赵佗嘱咐过,侍奉天子只要做到不失礼就好,切不可听信花言巧语就去长安朝见,去长安容易,想回国就难了,若无法回国,离亡国也就不远了。

大臣们这样劝谏,如不是鼠目寸光,那就只能解释为揣着明白装糊涂,显得自己特别关心国君的安危。

话虽蠢,但架不住情真意切,直击痛点,说得赵胡当即打消了朝见天子的念头。那么问题来了:明明已答应大汉使臣,连太子都送进长安了,赵胡可以说反悔就反悔吗?

在这种情况下,古人的经典套路就是装病。那时要想装病太容易了,更何况山高皇帝远。结果,赵胡这一病就十几年,直到有一天真的病倒。(《史记·南越列传》)

华夏版图

放下赵胡,再说庄助。庄助离开南越后,并未直返长安,而是顺道去完成第二项任务:到淮南国见一见刘安,跟他讲讲南越问题解决的全过程——毕竟刘安那篇《上书谏伐南越》写得词真意切,理应得到重视和嘉许。至于武帝有没有在刘安面前炫耀的成分,这需要读者自行判断。总之，刘安的反应是认真道歉，说自己先前的看法太浅薄了。

刘安很可能是口是心非，心里只承认武帝运气好。

那么，后人在给历史复盘时，关于南越问题，是会认同刘安更多，还是认同武帝更多呢？

古人更容易认同刘安，而武帝长久以来都是反面样板。但是，大儒王夫之的看法，特别值得我们好好了解一下，因为他是支持武帝而批判刘安的。在王夫之看来，刘安最大的错误就是把华夏文明的自然疆域看窄了——汉帝国和百越之间不过隔着五岭，而五岭的险要程度并不高于太行山、函谷关，所以岭南地区也是毋庸置疑的海内之地。虽然统治者不应穷尽国力搞扩张，但所谓扩张，是指在自然疆域之外贪图更大的版图，而华夏文明的自然疆域是"东越大海，西绝流沙"——用今天的话说，向东，从东海到南海，以海岸线为界，不应出海搞扩张；向西，以塔克拉玛干沙漠为界，不应穿越沙漠搞扩张。

王夫之还搬出《尚书》作依据，论证岭南百越之地，自古就在华夏文明的统治之下。《尚书·尧典》明文记载"申命羲叔宅南交"，说的是尧命令羲叔到南交安家，也就是把南交这个地方分封给羲叔。《尧典》是《尚书》的第一篇，从字面上看，是尧圣人时代的官方文献，其实应是战国时代的假托之作，但古人还是普遍相信它的真实性，王夫之也不例外。羲叔受封的南交，在古代的主流注释里，以及在王夫之的个人理解里，就是交趾。

战国时代的文献，讲到尧舜时代的版图，每每说到北到幽都，南到交趾，但问题是，直到汉武帝设置交趾九郡，中国地理才有了交趾、交州之地，所以战国人心目中的幽都、交趾，应该就是想象中的极北之地和极南之地，并不是真实存在的地理概念。（顾颉刚、刘起釪《尚书校释译论》）不过，自从汉武帝开疆拓土之后，岭南逐渐被华夏文明浸润。到了王夫之生活的明末清初，如果还认为岭南人都是野人，显然已不合时宜。

无论如何，事实胜于雄辩，刘安确实错了。王夫之还引用《周易·系辞》中的"将叛者，其辞惭"，有叛逆之心者，说话总会闪烁其词，说刘安正是这样的人，虽然写作《上书谏伐南越》时他还未造反，但瞧瞧他说的那些荒唐话，心中多半有鬼。

刘安的意见，计算的只是一时得失。百越对汉帝国，既不出钱，也不出力，没半点用处，汉帝国若向百越开疆拓土，统治成本高昂，确实得不偿失。但王夫之说，如果任凭他们侵扰边境，破坏生产，导致汉

帝国必须加大防御成本，岂不是更不划算？（[清]王夫之《读通鉴论·卷三》）

在王夫之的观念里，自然地理决定政治版图，而决定自然地理的并非高山大河，而是一个政权的力所能及。假如王夫之生活在今天，他就不会以为"东越大海，西绝流沙"是政权边界——几千几万年后，可能连银河系都不再是政权边界。

汲黯出场

原文：

是岁，韩安国为御史大夫。

东海太守濮阳汲黯为主爵都尉。

本年度，韩安国就任御史大夫，东海郡太守汲黯调入中央，就任主爵都尉。主爵都尉到底是什么官并不重要，重要的是汲黯从地方官变成中央官，到武帝身边做事了。

汲黯是这一时期的重要人物。司马迁把他和郑当时合写进了《史记·汲郑列传》。

早在景帝时代，汲黯就已担任太子洗马。太子洗马一职看上去很让人费解，似乎职责就是给太子的马洗澡，其实"洗"是通假字，通"先后"的"先"。所谓太子洗马，就是太子出行时，骑马走在前面，为太子开道。

汲黯在景帝朝做过太子洗马，自然就是武帝的亲信，回归中央政府并不令人意外。汲黯为人处世的特点，没法一言以蔽之，必须分成四点来讲：一是一丝不苟，特别令人敬畏；二是直肠子，气量还小，往往当面使对方难堪，即便对武帝也不例外；三是搞政治奉行黄老之道，抓大放小，绝不苛察；四是体弱多病，多半时间都在养病。所以，清净无为的黄老之道，对他而言再合适不过。

原文：

始，黯为谒者，以严见惮。东越相攻，上使黯往视之。不至，至吴而还，报曰："越人相攻，固其俗然，不足以辱天子之使。"

河内失火，延烧千余家，上使黯往视之。还，报曰："家人失火，屋比延烧，不足忧也。臣过河南，河南贫人伤水旱万余家，或父子相食，臣谨以便宜，持节发河南仓粟以振贫民。臣请归节，伏矫制之罪。"上贤而释之。

前几年，汲黯还只是一名谒者，级别不高，但很有自己的主意。闽越之乱爆发时，武帝派汲黯去实地调研，没想到他根本没出国境，很快就回来了，汇报工作还理直气壮，说越人从来都互相攻击，不是什么新鲜事，不足以劳烦天子使者。

这点外交事务，汲黯看不上，内郡的民生问题，他总该操操心吧？河内郡发生火灾，烧毁一千多家。武帝又派他去实地调研。他走完一遭，回来汇报工作，说那只是民房失火，房子挨得太近，才导致火势蔓延，不是多大的事，不值得操心。

汲黯的心就是这么大。到底什么事能让他上心呢？

倒也有，汲黯继续汇报说："我这次途经河南郡，发现当地穷人遭受水旱之灾，受灾的有上万家，甚至发生父子相食的惨剧。我刚好带着使节，就自作主张，凭借使节在当地开仓放粮，赈济灾民。现在事情办完了，我愿意交还使节，并为此接受处罚。"

武帝认为汲黯贤能，没治他的罪，让他去做荥阳令。

《史记》记载，汲黯又一次表现出高度的主见——嫌当县令没面子，装病回乡了。（《史记·汲郑列传》）那么问题来了：汲黯原先担任谒者，论品级并不比县令高，当县令怎么就没面子呢？就算真没面子，遇到这么点挫折就退出官场，断送后半生的前程，这样真的明智吗？

074

汲黯是一个什么样的人

装病回乡

汲黯到底是怎么想的,今天已不得其解。最可能的原因是,谒者即便品级低,好歹在皇帝身边听差,县令就不一样了,直属上级是郡守,郡守管理县令,可说是官大一级压死人。汲黯这种出身好,从武帝做太子时就跟在身边的人,可以服皇帝的管,却难服郡守的管。

那么,装病回乡真的好吗?后半生的前程就轻易放弃了吗?

这就关乎西汉时的特殊国情了:《汉书·酷吏传》中的尹赏在临终时留下一段教子名言,说男儿踏上仕途,即便因手段狠辣被免官,也不是多大的事,将来上级想起你的业绩,还会重新起用你,但若是因软弱不胜任而被免职,就再也不会有出头之日,这可比贪赃枉法还丢脸。

尹赏这番话，虽足以使老百姓不寒而栗，但对自家子侄而言，倒也算"人之将死，其言也善"，道尽一辈子的为官心法。由此看来，西汉酷吏众多，也就不足为奇了。

古代官员违法犯罪，免职也好，坐牢也罢，复出的机会特别多。一个人不见得非要做酷吏，只要有能力，就很容易再三再四被起用。比如前文多次出场的韩安国，他就是成语"死灰复燃"的主人公——当时他免职入狱，狱吏田某待他很不好，他说了一句："死灰独不复然乎？""然"是通假字，通燃烧的"燃"，你以为死灰就不会重新燃烧了吗？田某没当回事，反唇相讥说："就算死灰复燃了，我也能用尿浇灭它。"结果没多久，梁国内史职位空缺，朝廷派使者委任韩安国为梁国内史，让他从囚徒一跃成为二千石级别的高官。（《史记·韩长孺列传》）这种事在今天看来不可想象，但在西汉只是家常便饭。

皇帝也好，上级长官也罢，用人之道很朴素——用生不如用熟，只要某人的才干给他留下印象，他自然会在用人之际想起那人。这种用人风格很随意，完全不是法家那种"宰相必起于州部，猛将必发于卒伍"（《韩非子·显学》）的自动化、标准化路线。

汲黯在武帝身边做事多年，武帝了解他的人品，也看到过他的成绩，就算他装病回乡，过不了多久也一定会被重新起用。更何况以汲黯这种武帝近臣，装装病就相当于撒撒娇。果然，武帝听说汲黯的反应，便调他回到中央，升任中大夫。调职和升职来得就是这么随意。

做了中大夫，汲黯又守在武帝身边了，提意见照旧直言不讳。武帝终于还是受不了他，要把他调任到外地去。既然他觉得当县令丢脸，那就让他当郡守好了。汲黯就这么被派到东海郡，就任太守。（《史记·汲郑列传》）

原文：

其在东海，治官理民，好清静，择丞、史任之，责大指而已，不苛小。黯多病，卧闺阁内不出；岁余，东海大治，称之。上闻，召为主爵都尉，列于九卿。其治务在无为，引大体，不拘文法。

东海郡得名于东海，当时所谓的东海，就是今天的黄海。东海郡的郡治郯（tán）县在今天山东省郯城县北，距离长安千山万水。汲黯到任后，采取的完全是黄老风格的治理方式，而且他确实体弱多病，常常躺在卧室里，事情都交给手下去办。就这样过了一年多，东海郡政清人和。武帝这才再一次召汲黯进京，授职主爵都尉，位列九卿，属于中央部长级高官。做到这种职位，汲黯的处事风格依然不变，无为而治，抓大放小，不拘泥于条条框框。

为人倨傲

原文：

黯为人，性倨少礼，面折，不能容人之过。时天子方招文学儒者，上曰："吾欲云云。"黯对曰："陛下内多欲而外施仁义，奈何欲效唐、虞之治乎！"上默然，怒，变色而罢朝，公卿皆为黯惧。上退，谓左右曰："甚矣汲黯之戆也！"群臣或数黯，黯曰："天子置公卿辅弼之臣，宁令从谀承意，陷主于不义乎！且已在其位。纵爱身，奈辱朝廷何！"

按说既然做官处事是黄老风格，汲黯性格应该特别随和才对，但刚好相反，他为人倨傲，不拘礼数，对人有不满就当面开火，完全不顾对方的感受，还容不得别人的过失。最夸张的是，汲黯对谁都这样，对武帝也不例外。

关于汲黯到底有多倨傲，《史记》记载了一个细节：当时丞相田蚡权势最大，和汲黯平级的官员在拜见田蚡时都行拜礼，也就是跪在地上，低下头，头和腰齐平，双手到地，但田蚡并不答拜。而汲黯见田蚡，作个揖就算完了。(《史记·汲郑列传》)

至于汲黯的直言不讳，也有一个细节。当时武帝醉心于儒术，招揽天下的文学之士和儒生，很想把自己打造成儒家推崇的圣王的样子，但汲黯当面顶撞道："陛下心里的欲望太多，仁义全是表面功夫，难道凭着表面功夫，就能做成尧舜事业不成？"

这话一出口，武帝脸色都变了，沉默不语，愤而退朝。武帝退朝后，对身边之人发泄不满，说汲黯太鲁莽了。而汲黯这边，朝堂上的公卿大臣既有替他担心的，也有批评他不会说话的，但汲黯不认错，说自己既然位列九卿，看见不对的地方自然应该直说，哪能一味阿谀奉承呢？

武帝正值年轻气盛，当面被顶撞，竟然能沉住气，没治汲黯的罪，实在难能可贵。但汲黯如果不识趣，隔三岔五这么顶撞一次，武帝就算再能忍，估计也忍不了多久。事情没发展到不可收拾的境地，大约跟汲黯的身体状况有关。他一直体弱多病，一病就要请很长时间假。

按照汉朝的制度，请假三个月，官职自动罢免。

当时的官员很会利用这项制度，感觉势头不妙，不想干了，只要装病装满三个月，就能自动解职。[1]但汲黯不是装病，而是真病了。

社稷之臣

原文：

黯多病，病且满三月；上常赐告者数，终不愈。最后病，庄助为请告。上曰："汲黯何如人哉？"助曰："使黯任职居官，无以逾人；然至其辅少主，守城深坚，招之不来，麾之不去，虽自谓贲、育亦不能夺之矣！"上曰："然。古有社稷之臣，至如黯，近之矣！"

在官员请病假请到三个月时，如果皇帝特别看重这位官员，就会有所谓"赐告"，也就是延长假期。[2]武帝给汲黯赐告了好几次，但他的病始终不能痊愈。后

---

[1] 《汉书·酷吏传》："会琅邪太守以视事久病，满三月免，延年自知见废，谓丞曰：'此人尚能去官，我反不能去邪？'"《汉书·谷永传》："永远为郡吏，恐为音所危，病满三月免。"

[2] 《史记·高祖本纪》："高祖为亭长时，常告归之田。"裴骃《集解》引孟康语："汉律，吏二千石有予告、赐告……赐告者，病满三月当免，天子优赐，复其告，使得带印绶，将官属，归家治疾也。"

来有一次汲黯生病，庄助替他请假，武帝问庄助："你觉得汲黯是个怎样的人？"

庄助答道："让汲黯做官，倒也看不出什么过人之处，但如果让他辅佐年少的国君，坚城固守，他一定会坚守岗位，无论如何都不会动摇。"

武帝总结："是啊，古时有所谓社稷之臣，我看汲黯就差不多算是了。"

汲黯这种表现，虽然面对面相处时很讨人嫌，但隔开距离，就会变成文臣的典范，历朝历代不断被人颂扬。杜甫有一首七律《奉寄高常侍》，是他在安史之乱后流落成都时，写给好友高适的。其颈联特别脍炙人口："今日朝廷须汲黯，中原将帅忆廉颇。"高适在朝廷里担任常侍，是皇帝的近臣，外派担任节度使，是平乱的主帅，所以诗句里的"汲黯""廉颇"都是夸高适的，说他在内直言敢谏，在外能征惯战，而且汲黯、廉颇和高适一样，都是老臣。杜甫用典，就是这么巧妙而老练。

匈奴请和亲

原文：

匈奴来请和亲，天子下其议。大行王恢，燕人也，习胡事，议曰："汉与匈奴和亲，率不过数岁，即复倍约；不如勿许，兴兵击之。"韩安国曰："匈奴迁徙鸟举，难得而制，自上古不属为人。今汉行数千里与之争利，则人马罢乏；虏以全制其敝，此危道也。不如和亲。"群臣议者多附安国，于是上许和亲。

本年度的最后一桩大事，是匈奴使者提出和亲请求。武帝召开御前会议，高级官员的看法分成两派：少数派以王恢为首，认为汉帝国和匈奴维系和平，最多也不过几年，几年后匈奴就会背信弃义，所以这次不如拒绝和议，直接开战的好。多数派以韩安国为首，认为匈奴自古逐水草而居，没有固定的落脚点，可以被打败，但没法被制服。汉帝国如果劳师远征，深入大漠，被匈奴打个以逸待劳，明显不划算，还是老办法和亲最好。

王恢和韩安国都在援引历史，展望未来，结论却截然相反。既然双方都有理有据，武帝就做出了最容易的决策：听多数派的，和亲。

当然，事情不会这么简单就结束，我们后文再谈。

汉武帝元光元年

―― 075 ――
人才察举制是怎么开始的

年号初始

新的一年,武帝元光元年(前134年)。进入大事件之前,我们先来看一个时间线问题:怎么改元了,似乎还有了正经年号?

纪年原本不是一件难事,只要会数数即可,不过是统治者即位,逾年改元,然后一年一年数下去。战国时代,魏惠王开了先例,因为"徐州相王",他认为自己真正具备了"王"的头衔,标志着历史新纪元的开始,必须和以往划清界限,所以数字清零,以后就是新阶段的元年、二年、三年……[1]后来秦惠文王也做过类似的改元,称王之后重新开始纪年。[2]这两件事,第一辑中都已讲过。

进入汉朝,汉文帝因为相信新垣平"日再中"的把戏,开改元之先河,所以汉文帝执政时期,分为前元和后元两段。[3]汉景帝有样学样,还多改了一次元,所以汉景帝执政时期,分为前元、中元和后元三段。[4]至此,改元已不稀奇,但年号还未出现。

汉武帝执政后,延续改元的传统,基本上每六年一改元。为何以六年为单位,可能纯属凑巧,刚好每隔六年出现一次醒目的祥瑞,也可能是汉承秦制,把数字"六"当成吉祥数字。现有的史料给不了我们明确的答案,只能大体估算,本年度汉武帝应有改元行为,和过去道别。

不过,虽然史料把这一年记录为元光元年,但当时还未出现"元光"这个年号。要等到若干年后的元鼎三年(前114年),有关部门建议,纪年应当用祥瑞

---

[1] 详见《资治通鉴熊逸版》(第一辑)第221讲。

[2] 详见《资治通鉴熊逸版》(第一辑)第241讲。

[3] 详见前文第016讲。

[4] 详见前文第019讲。

来标志，而不只是数数。所以，先前纪年的第一阶段，也就是第一个六年，称为"建"，第二阶段称为"光"，第三阶段称为"狩"，各配一个"元"字。（《史记·封禅书》）建元、元光、元狩这些年号就是这么来的，只是追记。

那么，后面的年号是不是就开始实时更新了呢？也不好讲，史料记载很混乱。如果采信辛德勇先生的考证，那么，在改元当年就立即使用年号纪年，起点是汉武帝纪年的第七阶段，也就是太初元年（前104年）。（辛德勇《重谈中国古代以年号纪年的启用时间》）

蚩尤旗

武帝的第一个年号"建元"倒不算什么祥瑞，只是标志武帝纪年的开始。"建"，应是"建立""立法"的意思。[1] 第二个年号"元光"，可翻译成"光之元年"。这里所谓的"光"，是指上一年秋八月东方出现的那颗彗星。[2] 当时彗尾横贯天穹，这种彗星称为长星。

那么问题来了：彗星不是预示战乱吗，怎么反被

---

[1] 《说文解字》："建，立朝律也。"
[2] 详见前文第071讲。

当成祥瑞？

答案是：战乱未见得都是坏事。长星出现后，紧接着就是汉帝国兵不血刃，平定闽越之乱。《汉书·五行志》记载了这次天象，说长星横贯天穹，三十天后才消失，占卜的结论是：这种长星叫作蚩尤旗，预示着王者征伐四方。后来，汉武帝一连几十年兴兵诛灭四方夷狄，就是这次长星的应验。

所谓"蚩尤旗"，我们不难理解。当初刘邦造反，被一群兄弟和家乡父老架着，在沛县县衙的庭院里大搞祭祀仪式——造反必须有仪式感——祭祀对象就是黄帝和蚩尤。在沛县老百姓的心中，蚩尤可能是战神般的存在，和黄帝打组合，所向披靡。后来刘邦改朝换代，饮水思源，在长安给蚩尤设祠，配备专属的祠祀官和女巫，对蚩尤的祭祀从此升格为国家级的祭祀礼仪。[1]这样一看，天空出现蚩尤旗，就预示着汉帝国将以王者之师征伐四方。果然，十六年后的武帝元狩四年（前119年），西北天穹又有一次蚩尤旗现身，那正是北伐匈奴打得最激烈的阶段。（《汉书·五行志下之下》）

---

1 详见《资治通鉴熊逸版》（第三辑）第032讲。

举孝廉

原文：

（元光元年）

冬，十一月，初令郡国举孝廉各一人，从董仲舒之言也。

了解了"元光"年号的由来，我们正式进入元光元年的大事件。冬十一月，根据董仲舒的建议，朝廷命令天下郡国推荐孝、廉各一人。这件事意义非凡。它是孝廉岁举制度的发端，标志着人才察举制度走向规范化、制度化。

早在汉文帝时期，就有要求诸侯王和公卿、郡守举荐人才的先例。皇帝提问，称为"策问"，人才纷纷作答，称为"对策"，皇帝看谁的对策满意，就留下他做官。但这种做法并未形成制度，皇帝想起来就搞一出，想不起来就算了。而负责举荐的诸侯王和公卿、郡守，也不对被举荐人的优劣承担连带责任。所以，武帝登基之后，董仲舒提交"天人三策"，对人才选拔做过一番建议。

回顾一下，董仲舒是这么讲的：现在高级官员大多出身郎官，而郎官的来源，要么是二千石官员的子弟，要么是家产达标的家庭，这些人只是出身好，但未必就有品德、有才干。不妨做个改变，让诸侯、郡守、二千石级别的高级官僚，每年从各自管辖的官吏和百姓中举荐两名贤才，入宫充当郎官，被举荐人的贤能与否，一定要和举荐人的赏罚挂钩。这么一来，举荐者都会尽心尽力，朝廷就可遍得天下贤才，尧舜时代的盛世就可重现人间。[1] 如今几年过去，太皇太后不在了，武帝可以大展拳脚，搞儒家化政治改革了，董仲舒的这些意见终于落地。

人才选拔的标准有两项：一个是孝，孝顺父母；一个是廉，品性高洁。标准都是老标准，比如我们熟悉的冯唐，就是因孝顺之名入选郎官，一做就是好多年。[2] 如今的改革，只是把老标准套在新制度上。从此以后，大批儒家知识分子开始经由察举制度，源源不断地涌入国家机构。

为此，历史学家劳榦（gàn）曾有这样一番论断："元光元年，无疑是中国学术史和政治史上最可纪念的一年……这次选举郡国的孝廉，虽据《汉书》现存史料看来，并没有了不得的人物。然而，就制度本身

---

[1] 详见前文第053讲。

[2] 详见前文第013讲。

来说，却开中国选举制度数千年坚固的基础。"(劳榦《汉代察举制度考》)

"孝"和"廉"后来合二为一，变成我们熟悉的"孝廉"。西汉年间，孝廉既无年龄限制，也不需要考试，关键全在举荐。东汉以后，要求逐渐多起来，对文化程度有要求，年龄限制在四十岁以上，又因郡国有大有小，改为根据人口比例确定举荐人数，又对边郡给出优惠政策。当然，这都是后话。种种改进和修补，源头都在元光元年（前134年），而这一制度的萌芽，则要追溯到董仲舒的"天人三策"。

076

李广和程不识治军有什么不同

将军名号

原文:

卫尉李广为骁骑将军,屯云中,中尉程不识为车骑将军,屯雁门;六月,罢。广与程不识俱以边太守将兵,有名当时。

同一年,李广被任命为骁骑将军,屯兵云中郡;程不识被任命为车骑将军,屯兵雁门郡。六月,二人撤军。

在《资治通鉴》中,当时李广和程不识的正式官职,分别是卫尉和中尉,这是把《汉书·武帝纪》中的错误一并抄了过来。李广的职务应是未央卫尉,而程不识是长乐卫尉。([清]王先谦《汉书补注·武帝纪》)

未央指的是未央宫,长乐指的是长乐宫。根据历史学者林剑鸣的说法，把这两员大将调进长安，是为了"加强首都和宫廷的保卫，一旦需要则可直接派遣他们率兵出征……从汉武帝即位后，就在悄悄进行全面反击匈奴的准备"(林剑鸣《秦汉史》)。

李广和程不识当时是齐名的军事指挥官：在长安，一个做未央卫尉，一个做长乐卫尉，旗鼓相当；外派边郡，一个是骁骑将军，一个是车骑将军，字面看依旧平级，实则未必。

汉武帝时，一下涌现出很多将军名目，让人眼花缭乱。其中，骁骑将军属临时性职务，皇帝派武将出征，就会给他一个响当当的名头，等他把事情办完，回来交差了，相应的名头就取消。但车骑将军就不同了，汉朝第一位车骑将军是灌婴，大约从此以后，这一头衔就成为正式官职，后来担任车骑将军的，包括刘邦时代的靳歙，文帝时代的薄昭、令勉、张武，景帝时代的周亚夫。那么，为什么程不识在外派时会压了李广一头呢？

这个问题并无确切答案。可能是此时将军的名号、位阶和统属关系还未发展成熟，等二位将军任务办完，回朝交差，无论车骑将军还是骁骑将军的头衔，都会被撤销。后来随着"武皇开边意未已"，不断征战四方，各种将军名号越来越多，逐渐成了规模，这才给后世的武职系统确定了基调。在此过程中，车骑将军和骠骑将军终于判然两途，有了明显的高下之别。

车骑将军的地位越来越高，成为"重（zhòng）号将军"之一。所谓重号将军，可望文生义地理解为，名号很重要的将军。

武帝时代，重号将军里，级别最高的是大将军和骠（piào）骑将军，大名鼎鼎的卫青和霍去病分别担任这两个职务。大将军和骠骑将军平级，并不存在统属关系，大约有汉武帝分权制衡的考虑。

在他们以下，重号将军还有车骑将军、前将军、左将军、右将军、后将军。这几个都是平级关系，原本很可能只是临时性职务，"前后左右"表示军队的方位——负责打头阵的叫前将军，负责左翼的叫左将军，依此类推。后来这些名称沿袭了下来，但只有职位意义，和行军布阵的方位没关系了。[1] 这些将军都是金印紫绶，也就是持黄金官印，系紫色绶带，很尊贵。而在车骑将军、前将军这些重号将军手下听差的将军，统

1　[清]姚鼐《惜抱轩笔记·卷五》："官制名同而前后事势不同，读史者不可不辨。如左右前后将军官，本行军时分部局之称。卫青为大将军，出定襄。合骑侯公孙敖为中将军，太仆贺为左将军，翕侯赵信为前将军，卫尉苏建为右将军，郎中令李广为后将军，咸属大将军，此其名之正也。其后置左右前后将军于京师，无关行军局部矣，而袭其名，第不置中将军耳。此其变一也。"

称杂号将军，名目繁多，且名字一个比一个威风。除李广受封的骁骑将军外，还有横海将军、伏波将军、虎贲将军、翼汉将军、建威大将军、征西大将军、虎牙大将军、横野大将军，等等。

传世文献当中，杂号将军的名目就已很多，后期考古发现，两汉年间的竹简、印章、兵器铭文中，又有不少杂号将军的名目。因为重号将军的头衔反不如杂号将军听起来响亮，所以在戏曲评书里，要想凸显某一武将的能量和气势，即便他在历史上做过重号将军，民间艺术家也会给他换上杂号将军的头衔。醒木一拍，锣鼓一响，"建威大将军"和"后将军"哪个霸气？显然是前者。

治军风格

原文：

广行无部伍、行陈，就善水草舍止，人人自便，不击刁斗以自卫，莫府省约文书；然亦远斥候，未尝遇害。程不识正部曲、行伍、营陈，击刁斗，士吏治军簿至明，军不得休息；然亦未尝遇害。不识曰："李广军极简易，然虏卒犯之，无以禁也；而其士卒亦佚乐，咸乐为之死。我军虽烦扰，然虏亦不得犯我。"

然匈奴畏李广之略，士卒亦多乐从李广而苦程不识。

李广和程不识截然不同的治军风格很受司马光重视。李广自由散漫，行军扎营时，只看哪里水草丰茂，然后远远地派出侦察兵，这就是全部警戒措施，看上去松松垮垮，倒也一直安然无恙。程不识的风格恰好相反，军中秩序井然，但维护秩序就会有高昂成本，安营扎寨时，刁斗之声不断，文书工作通宵达旦，这么一来，将士们很难安心休息，不过看效果，多年来倒也和李广的部队一样安然无恙。

那么问题来了：既然简易风格和烦琐风格效果相同，那么为何非要舍易求难，却不把李广的治军经验向全军推广呢？

程不识亲口给出了答案，说李广的部下过得都很舒服，所以甘愿为李广效死力，但只要遇到敌人突袭，他们就会被打得措手不及；而自己带兵虽谨小慎微，但小心行得万年船，安全性强。

程不识这番话说得相当委婉。如果直言不讳，他应该会说："李广纯属运气好，没遇到敌人突袭。但运气再好，也不可能永远好下去，如果我们这两种治军风格正常持续几十年，李广有九条命都不够用。"

那么新的问题来了：李广和程不识带兵打仗都不

是一年两年了，按说以这个时间尺度，李广不可能一次突袭都没遇到过，程不识是不是哪里没说对啊？

《资治通鉴》给出了答案：很简单，只因匈奴人害怕李广，总是躲着他走。这段内容的出处是《史记·李将军列传》。司马迁当初为李广写传记，字里行间都洋溢着火一般的热情，且行文的褒贬特别巧妙。

就拿这段来说，首先描写李广和程不识齐名，战绩、资历、职位都相当，而同样的结果，李广轻松实现，程不识却颇费力气，搞得手下人人叫苦。事情被司马迁这样一写，两位将军高下立现，好比一个是天才学霸，玩着就考第一名；另一个是并列第一，但天天奔波于各种补习班，小小年纪就高度近视，在学校没人缘，还败光了家里的钱。

然后，司马迁请程不识亲口评价二人优劣，这可比任何人的评价都有说服力。程不识似乎言之成理，而就在读者刚要被说服时，司马迁补了一句，其实是在反驳程不识，说李广这么多年没遭遇匈奴突袭，并非因为运气好，而是因为他威名远扬，匈奴人不敢来招惹。

资治意义

司马迁为李广写传记，极力突出李广的天才，然而到了司马光这里，既然要强调历史的资治意义，就很有必要提醒一下读者：千万不要因为李广太闪光，就去效法他的打法，要知道天才不是学出来的，普通人学习天才的打法，只会适得其反。

原文：

臣光曰：易曰："师出以律，否臧凶。"言治众而不用法，无不凶也。李广之将，使人人自便。以广之材，如此焉可也，然不可以为法。何则？其继者难也，况与之并时而为将乎！夫小人之情，乐于安肆而昧于近祸，彼既以程不识为烦扰而乐于从广，且将仇其上而不服。然则简易之害，非徒广军无以禁虏之仓卒而已也！故曰"兵事以严终"，为将者，亦严而已矣。然则效程不识，虽无功，犹不败；效李广，鲜不覆亡哉！

所以，司马光在这里给出一段"臣光曰"，认为行军打仗，纪律性高于一切。即便程不识是庸才，效法他的人，就算打不出胜仗，至少不至于溃败；而效法李广的人，绝大多数会落得自取灭亡的下场。

宗室问题

原文：

夏，四月，赦天下。

回到元光元年（前134年），大约在李广和程不识完成外派任务的同时，武帝大赦天下。《资治通鉴》的原文只有"夏，四月，赦天下"短短六个字。怎么无缘无故就发布赦令呢？前因后果还要到《汉书·武帝纪》去找：这一次不但发布了赦令，还给全国百姓凡是长子的都赐爵一级。

此前，"七国之乱"导致很多宗室人员被取消宗室资格，也就是说，皇帝不再拿他们当亲戚看了——这当然不能怪皇帝狠心，谁让他们跟着吴王刘濞造反呢？

如今，时过境迁，武帝开恩，先前被取消宗室资格的人可以恢复资格，意味着很多人重新获得了继承权，"度尽劫波兄弟在，相逢一笑泯恩仇"。武帝把此事与民同乐，才会有百姓家的长子被赐爵一级的好事。

取消宗室资格，这叫"绝属"。在族谱上登记自己的名字，这叫"属籍"。虽然血统是先天形成的，怎么都改变不了，但认不认这个血统，就事在人为了。当初商鞅变法规定，就算血统上是根正苗红的宗室，只要拿不出军功，就不让属籍。(《史记·商君列传》)如果严格执行这项规定，纯粹的血统贵族就不复存在。

汉朝不搞这种政策。文帝前四年（前176年），《汉书·文帝纪》有记载说"复诸刘有属籍家无所与"，意思是，对刘姓皇族有属籍的家庭免除赋税徭役。这话还可读出两层意思：

第一，皇族当中也有很远的远亲，大约就是无官无爵的普通家庭，因为如果官高爵显，就不用特意免除赋税徭役。

第二，既然谈到"诸刘有属籍"家庭，自然也有"诸刘无属籍"家庭，这些人家虽在血缘上和刘邦扯得上关系，但名字并不被列入皇族家谱，皇帝并不把他们当成亲戚看待。

这些不在家谱里的亲戚，可能是血缘太远，出了五服，也可能是犯了罪，或行为不检，被家谱除名。像"七国之乱"这种牵动全国的大事，不知有多少刘氏宗亲受到牵连。

汉朝从高帝刘邦传到武帝刘彻，如果按辈分算，刚刚四代人，出了五服的皇亲应该并不太多，那些"绝属"的亲戚，多半是有污点。等到武帝以后，皇位再传几代人，绝属的皇亲自然就会多起来。

这就是嫡长子继承制的优点，只有嫡系才有继承权,其他的儿子再多,也很快就会沦为平民百姓。接下来,用不了两代人的光景,就连赋税和徭役都不能免了。

后来武帝大搞推恩令,诸侯国被越切越碎,好处是再也没有大国有实力抗衡中央,坏处是特权阶层人数暴增,严重损害国家的税基。所以,武帝又找刁钻名目成规模地剥夺这些亲戚们的头衔,让他们迅速沦为编户齐民,该种田的种田,该服役的服役,该交税的交税,通通和特权绝缘。

汉朝这种"绝属"制度,在宋明两代备受褒扬,因为宋明两代的宗室规模毫无节制,人口以几何级数增长,几代人积累之后就变成一个沉重的包袱,让国家财政不堪重负。就在司马光的时代,宋神宗刚刚即位就急于解决这个问题,而朝廷大臣的意见竟然惊人地一致,争议仅在于改革步伐的快与慢。在这个问题上,王安石自然是激进派,司马光则是渐进派。([美]贾志扬著,赵冬梅译《天潢贵胄——宋代宗室史》)

元光元年的汉武帝还没想到这一层。当时他正处在儒家观念上头的阶段,所以才会推出给绝属的亲戚重新属籍的政策。

原文：

五月，诏举贤良、文学，上亲策之。

秋，七月，癸未，日有食之。

五月，武帝下诏要各地举荐人才，自己亲自主持策问。诏书的全文，《汉书》有收录，已经完全是儒家那套话术，核心意思是：我要做尧舜之君，你们给方案吧。（《汉书·武帝纪》）

这次收获了哪些人才？《汉书·武帝纪》提到董仲舒和公孙弘，这显然和其他史料有矛盾，司马光谨慎地未予采信。

秋七月，发生一次日食，元光元年就这样结束了。《资治通鉴》第十七卷也到此为止。

汉纪十

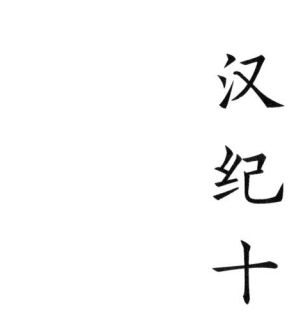

公元前 133 年到公元前 125 年

世宗孝武皇帝上之下

汉武帝元光二年

077
李少君的说服术高明在哪里

原文:

起著雍涒滩,尽柔兆执徐,凡九年。

这一讲我们进入《资治通鉴》第十八卷,"汉纪十·世宗孝武皇帝上之下",一共九年间的历史。

原文:

(元光二年)

冬,十月,上行幸雍,祠五畤。

武帝元光二年(前133年),冬十月,汉武帝到雍县祭祀五帝。前文讲过，原先秦朝设有青帝、黄帝、赤帝、白帝之祠，唯独欠缺黑帝。刘邦灵光乍现，认为自己就是黑帝，自己的到来标志着五帝的圆满。这也是汉朝认定自己是水德的一个原因。[1]

李少君的法术

原文：

李少君以祠灶却老方见上，上尊之。少君者，故深泽侯舍人，匿其年及其生长，其游以方遍诸侯，无妻子。人闻其能使物及不死，更馈遗之，常余金钱、衣食。人皆以为不治生业而饶给，又不知其何所人，愈信，争事之。

到雍县祭祀五帝，相当于强化一下五德信仰。虽然这只是例行公事，但武帝对神魔鬼怪的世界充满真诚的向往，所以李少君大师一旦前来晋见，马上就成为皇帝的座上宾。

李少君原本是深泽侯的门客。景帝时代，深泽侯犯了罪，爵位撤销，李少君云游四方，结交王侯。但在做深泽侯的门客之前，李少君到底是哪里人，做什

---

[1] 详见前文第015讲。

么营生，家庭情况如何，就无人知晓了。他看上去是个无妻无子的孤身老人，如果不是因为有无边法力，真不知该如何生活。

李少君擅长的法术，是所谓"祠灶"和"却老方"。"祠灶"并非我们熟悉的祭祀灶王爷、求他上天言好事的民俗，而是炼金术。"却老方"顾名思义，就是长生不老的药方。人们听说他的本事，就给他各种金银财宝。在不知情的人看来，只觉得这孤老头子不事产业，金银财宝却取之不尽，用之不竭，那不用问，肯定是法术变出来的。这样一来，供养李少君的人就更多了。这种戏码，在现代社会还很常见。

李少君的话术

原文：

少君善为巧发奇中。尝从武安侯饮，坐中有九十余老人，少君乃言与其大父游射处。老人为儿时从其大父，识其处，一坐尽惊。少君言上曰："祠灶则致物，致物而丹沙可化为黄金，寿可益，蓬莱仙者可见；见之，以封禅则不死，黄帝是也。臣尝游海上，见安期生，食臣枣，大如瓜。安期生仙者，通蓬莱中，合则见人，不合则隐。"

李少君确实有一套独门绝技，总可以在大庭广众之下语惊四座。某次他出席武安侯田蚡的宴会，席间有一位九十多岁的高龄老人。李少君就像见到久别重逢的故人一样，说自己曾和这位老人的爷爷一起在某地打猎。老人大吃一惊，因为自己小时候确实和爷爷在那个地方打过猎。这让在场的所有宾客都被李少君震住了。

李少君对武帝讲述方术的功用和神仙世界的奇幻，说祭祀灶神为的是召唤鬼神，在鬼神的帮助之下可以把丹砂炼成黄金，用这样的黄金铸造锅碗瓢盆来吃饭，就可以延年益寿，见到海中的蓬莱仙人。等见到蓬莱仙人，再去举行封禅大典，就可以长生不死，黄帝就是先例。李少君又说，自己曾在海上见过仙人安期生，他吃的枣有瓜那么大。安期生常去蓬莱，如果有看得起的人，他就现身一见，如果没有，他就隐身不出。

李少君一番话说得武帝心荡神驰，甚至可以说，深刻影响了武帝一朝几十年间的政策走向。我们需要留意这样两个细节：

第一，祭祀灶神的传统古已有之，并非李少君的发明，儒家经典《礼记》里还写着祭祀灶神的具体时间和步骤。(《礼记·月令》) 李少君所说的，正是今天传播学所谓的一半熟悉感加一半新鲜感，这是最有利于被接受和传播的。

炼金术也不是什么新生事物。前文讲过，景帝中六年（前144年），也就是梁王刘武过世的那一年，朝廷制定了一项新的法律，禁止民间铸钱和炼金，违令者死。当时社会上有很多人尝试制造假黄金，但怎么造都不像真金，最后白白赔光本金，走投无路之下就铤而走险，当盗贼去了，所以景帝才颁布了这部新法。[1]

民间炼金，目的是求财，但李少君一定想到了，自己要忽悠的对象是皇帝，而皇帝有的是黄金，要想让皇帝动心，就必须为炼金术赋予高级意义，让它成为通往长生的桥梁。李少君当时已是精通炼金术的名家，但凡头脑没这么机敏，估计就会放弃炼金术，想一套全新的骗术来忽悠汉武帝。只要有能力不断赋予新的解释，那么旧的事物就永远不会过时。

第二，封禅也是同样道理——封禅的说法古已有之，蓬莱仙山和安期生的传说也是如此，李少君所做的，只是把这些原本不搭界的东西跨界组合。也就是说，素材都是旧的，但组合方式是新的。用系统论的话说，构成事物的基本元素不重要，重要的只是元素之间的连接方式。

---

[1] 详见前文第051讲。

从此，儒家系统里关于封禅大典的传说就不再只属于儒家了，而变成修仙道路上的一个关键节点。连成功者的先例都被李少君抬出来了，那就是黄帝。黄帝在汉朝的地位不是一般地高——无为而治的道家哲学当时被称为黄老之学，"黄"是黄帝，"老"是老子。医学理论经典有《黄帝内经》，也被认为是黄帝传下来的经典，字字珠玑，其他关于黄帝的传说还有很多，所以一种理论一旦被归入黄帝的旗下，其权威感便陡然而起。

从以上两处细节，我们可以看到李少君不凡的说服术，还可以理解，汉代儒学和方术的合流是一场双向奔赴，儒学向方术学技术，方术向儒学要旗帜。你情我愿之下，竟然得到了一个双赢的结果。我们更可以理解，为何汉武帝一方面"罢黜百家，独尊儒术"，另一方面又痴迷于求仙炼药，因为两者其实是一回事，至少在汉武帝本人的理解中是一回事。

执迷不悟

原文：

于是天子始亲祠灶，遣方士入海求蓬莱安期生之属，而事化丹沙诸药齐为黄金矣。居久之，李少君病死，天子以为化去，不死；而海上燕、齐怪迂之方士多更来言神事矣。

于是，汉武帝亲自祭祀灶神，用丹砂炼金，又派方士入海，寻找蓬莱仙山和安期生的踪迹。

但我们很快会想到一个问题：李少君无论真实年纪到底多大，毕竟已是老人，汉武帝却正值青春，随着时间的流逝，不出意外的话，李少君肯定会死在汉武帝前面，到那时，武帝还能执迷不悟下去吗？

李少君真的死了，是病死的。这样一个冷冰冰的事实摆在武帝眼前，他却坚信李少君没死，只是"化去"。所谓"化去"，简单理解就是羽化飞升，从人间升到仙界。"化"可以分为好几种，既有肉身凭空消失的，也有肉身留在人间，看上去是一具尸体，但魂魄飞升的。李少君究竟属于哪一种，传说各式各样。

按说李少君一死，所有的谎言都应随之破灭，但汉武帝的信念反而加深了。这其实是人类心理的常态，古今中外从不罕见。耶稣被钉在十字架上，但信徒们义无反顾地相信了他的复活。历史上许多宗教领袖预言过救世主降临世间的日期，但预言一次次落空，信徒们却并没有风流云散，而是坚信自己哪里做得不对，才招致救世主延迟降临。

汉武帝也未能免俗，而既然皇帝有如此态度，燕、齐之地的方士们也就蜂拥而至，并在未来几十年用话术、魔术和骗术博取功名富贵，不断撩拨汉武帝旺盛的想象和火热的欲望。

祭灶神

祭祀灶神虽古已有之，但不算什么重要祭祀。按照《礼记·祭法》的说法，祭灶属于"七祀"之一。"七祀"就是七种祭祀合成一套。东汉大儒郑玄解释说，"七祀"的祭祀对象都不是天上的大神，而是生活在人间的小神，这些小神近距离观察人的所作所为，发现有谁犯了小错误，就去批评、告诫一下。

"七祀"当中排名第一的司命神主管"督查三命"。郑玄的所谓"三命"到底是什么意思，今天已搞不清了，但基本可以判断的是，人的寿命是长是短，要归司命神管。"七祀"中排名最后的灶神，则只管饮食方面的事情。（《礼记正义·祭法》）

至于灶神是不是天子的祭祀对象，文献语意不明，但至少秦汉以来，正是从李少君开始，祭祀灶神上升到国家小典的高度，日子定在每年立夏。（《晋书·卷十九·礼上》）

魏晋年间，流传着一个离奇的故事：汉宣帝时有个名叫阴子方的大好人，特别喜欢祭祀灶神。有一次，当他在腊日早晨做饭时，灶神现身和他相见。阴子方很激动，因为当时手边没什么像样的东西，就把家里的黄狗杀了来祭祀灶神。从此以后，他家子子孙孙尽享荣华富贵，腊日祭祀灶神也就被传承了下来。(《搜神记·卷四·阴子方祀灶》)

大概因为这个传说，祭祀灶神的日子逐渐从立夏改到冬天的腊日，也就是农历腊月初八。到唐宋之际，"七祀"中的司命和灶神合二为一，灶神掌管的范围就变大了，一家人的寿命、功过，都归他管。(王国维《司命与灶》)

南宋的范成大写过一首《祭灶词》，记录了当时的风俗："古传腊月二十四，灶君朝天欲言事。云车风马小留连，家有杯盘丰典祀。猪头烂热双鱼鲜，豆沙甘松粉饵团。男儿酌献女儿避，酹酒烧钱灶君喜。"

在这首诗里，祭祀的时间终于定在了我们熟悉的腊月二十四，灶君——俗称灶王爷——要上天庭汇报工作，家家户户都在给他上供：猪头烧得烂烂的，鱼配成一双，还有各类面点。男人敬酒，女人躲开。还要给灶君烧纸钱，把他哄得高高兴兴的。至于炼金术，已经看不到任何踪影。

078

伏击匈奴的方案是怎么出台的

谬忌奏祠太一

原文:

亳人谬忌奏祠太一。方曰:"天神贵者太一,太一佐曰五帝。"于是天子立其祠长安东南郊。

这一讲继续武帝元光二年(前133年)的大事件。一个叫谬忌的人上书,建议祭祀太一神。《资治通鉴》的所谓"方曰……"让人看了摸不着头脑,但回溯到《史记·封禅书》的原始记载就清清楚楚了。

谬忌建议祭祀太一神,依据是太一神是天神当中最尊贵的大神,青帝、白帝等五色天帝都只是他的助手,先例是古代天子每年春秋两季都会在都城的东南郊以太牢规格祭祀太一神,操作方法是一连祭祀七天,祭坛要开设通往八方的鬼神通道。

谬忌把项目书做得特别周详，目标、依据、先例、方法都讲到了，只要皇帝一点头，就可以马上落实下去。但新项目能不能见成效呢？反正也没法考察。在官场搞钻营，做这种项目实在是有百利而无一害。

我们不仅要感叹谬忌懂钻营，会写项目书，还要感叹他的想象力和胆识——可以凭空编造一个至上神和一整套祭祀方法，让原先国家祭祀大典里的诸神都矮了一头。

要知道，这一年的年初，汉武帝才去雍县祭祀了五色天帝。谬忌忽然告诉他，他祭祀的其实只是太一神的助手，这相当于悍然挑战自刘邦以来的国家祭祀体系。但汉武帝居然马上批准了谬忌的项目，在长安东南郊建设祭坛。后来又有人说，古代天子同时祭祀天、地和太一，汉武帝又批准了，在太一祭坛上对天和地一道祭祀。再后来又有人说古代天子如何祭祀黄帝、祭祀武夷君……总之，不管如何花样百出，汉武帝都是来者不拒，祭坛自然也就越来越多。（《史记·封禅书》）

于是，越来越多的大神和刚刚那位至高无上的太一神成为"平级"。不难想见，将来还会出现一位新的至上神，统摄太一神和他的"平级"，神越来越多，就是因为有这样一种不断迭代的造神模式。

伏击匈奴

原文：

雁门马邑豪聂壹，因大行王恢言："匈奴初和亲，亲信边，可诱以利致之，伏兵袭击，必破之道也。"上召问公卿。王恢曰："臣闻全代之时，北有强胡之敌，内连中国之兵，然尚得养老长幼，种树以时，仓廪常实，匈奴不轻侵也。今以陛下之威，海内为一；然匈奴侵盗不已者，无他，以不恐之故耳。臣窃以为击之便。"韩安国曰："臣闻高皇帝尝围于平城，七日不食，及解围反位而无忿怒之心。夫圣人以天下为度者也，不以己私怒伤天下之公，故遣刘敬结和亲，至今为五世利。臣窃以为勿击便。"恢曰："不然。高帝身被坚执锐，行几十年，所以不报平城之怨者，非力不能，所以休天下之心也。今边境数惊，士卒伤死，中国槥车相望，此仁人之所隐也。故曰击之便。"安国曰："不然。臣闻用兵者以饱待饥，正治以待其乱，定舍以待其劳；故接兵覆众，伐国堕城，常坐而役敌国，此圣人之兵也。今将卷甲轻举，深入长驱，难以为功。从行则迫胁，衡行则中绝，疾则粮乏，徐则后利，不至千里，人马乏食。兵法曰：'遗人，获也。'臣故曰勿击便。"恢曰："不然。臣今言击之者，固非发而深入也，将顺因单于之欲，诱而致之边，吾选枭骑、壮士，阴伏而处以为之备，审遮险阻以为其戒。吾势已定，或营其左，或营其右，或当其前，或绝其后，单于可禽，百全必取。"上从恢议。

汉武帝的迷信事业如火如荼的同时，国防事业也没耽搁。雁门郡马邑县有一位豪杰叫聂壹，通过王恢向朝廷上书，提出一项决战匈奴的大胆计划：汉匈关系正在蜜月期，汉帝国可以抛出诱饵，诱匈奴深入汉境，打一场漂亮的伏击战，一举击溃匈奴。那么，计划到底可不可行呢？汉武帝召开御前会议，集思广益。

两年前匈奴请求和亲，朝廷要员的意见就没能统一：以王恢为代表的少数派主战，以韩安国为代表的多数派主和。最后，汉武帝听从了多数派的意见。汉匈关系虽缓和了，但无论汉武帝还是王恢，都应该心有不甘。现在连民间都提出打匈奴的作战方案，的确让皇帝和高官们很难堪，感觉真是"肉食者鄙，不足远谋"。

聂壹所在的雁门郡是汉朝的北方边郡之一，范围大约是今天的山西朔州、大同西部和内蒙古乌兰察布南部。战国时，这里是楼烦人的地界。赵武灵王击败楼烦，在这里置郡，以当地的雁门山为名，取名雁门郡。汉文帝刘恒做代王时，雁门郡就在代国境内。当时的雁门郡就已是防范匈奴的前沿地带了。雁门郡下辖的马邑县在今天山西省朔州市的朔城区，朔城区有一条南北向的主干道叫马邑南路，还保留着"马邑"这个古老的地名。

围绕着聂壹的计划，高官们再次分为两派，再次以王恢为主战派代表，以韩安国为主和派代表，只不过主战派终于占了上风。

先前主和派占上风，是因为人们有一个基本共识，那就是远征匈奴成本太高，就算打赢了也没有太大意义，匈奴随时可以卷土重来。但这一次，聂壹的计划完全规避了这些问题——汉帝国的大军不搞远征，只要在国境之内埋伏就好，打法也不再是野战，而是把匈奴大军引入包围圈，打歼灭战。

原文：

夏，六月，以御史大夫韩安国为护军将军，卫尉李广为骁骑将军，太仆公孙贺为轻车将军，大行王恢为将屯将军，太中大夫李息为材官将军，将车骑、材官三十余万匿马邑旁谷中，约单于入马邑纵兵。

作战方案就这么定了。当年夏六月，武帝任命韩安国为护军将军，李广为骁骑将军，公孙贺为轻车将军，王恢为将屯将军，李息为材官将军，率领步兵、骑兵、车兵部队三十多万人，在马邑附近的山谷设伏，只等匈奴大军进入马邑。

从名号上可以推断，护军将军韩安国是全军统帅，节制其他四位将军，[1] 将屯将军王恢统率边郡的屯戍部队，[2] 材官将军李息统率步兵，骁骑将军李广统率骑兵，轻车将军公孙贺统率车兵。一场震古烁今的大战一触即发，接下来就看匈奴咬不咬诱饵了。

单于逃脱

原文：

阴使聂壹为间，亡入匈奴，谓单于曰："吾能斩马邑令、丞，以城降，财物可尽得。"单于爱信，以为然而许之。聂壹乃诈斩死罪囚，悬其头马邑城下，示单于使者为信，曰："马邑长吏已死，可急来！"于是单于穿塞，将十万骑入武州塞。未至马邑百余里，见畜布野而无人牧者，怪之。乃攻亭，得雁门尉史，欲杀之，尉史乃告单于汉兵所居。单于大惊曰："吾固疑之。"乃引兵还，出曰："吾

---

1 《汉书·窦田灌韩传》："御史大夫安国为护军将军，诸将皆属。"
2 李炳泉《汉代的"将屯"与"将田"小考》："'将屯'的含义是'将兵屯守'，也就是注释家所说的'勒兵而守''将卒而屯守''典屯军'或'将屯兵'，显然不是'将兵屯田'。"

得尉史，天也！"以尉史为天王。塞下传言单于已去，汉兵追至塞，度弗及，乃皆罢兵。王恢主别从代出击胡辎重，闻单于还，兵多，亦不敢出。

引诱匈奴的重任就由聂壹承担。他假装违反禁令，逃入匈奴地界，诱惑单于说："我有办法杀掉马邑的地方官，举城投降。城里的财物随便你们拿。"

单于果然中计，和聂壹一拍即合。于是，聂壹回到马邑，杀了死刑犯，把人头悬挂在马邑城下，诓骗单于使者。单于就这样带着十万匈奴骑兵大举入境，逼近马邑，一步步接近汉帝国三十万大军布好的伏击圈。

但是，在距离马邑百余里时，匈奴大军忽然感觉哪里不对——牲畜遍布原野，却看不见一个放牧的人。于是，匈奴进攻汉帝国的一处边防哨所，擒获驻守哨所的一名军官。[1] 此时，单于虽觉异常，却并未因此改变计划，准备随手杀掉这名军官。没想到，这名军官知道汉军的作战计划，为了保命，把整个计划对单于和盘托出。单于这才惊呼："我早就觉得哪里不对！"

---

[1] 《资治通鉴》原文为"乃攻亭"。劳榦《再论汉代的亭制》："边塞的亭和内地的亭不同，承担哨所职能。"

匈奴大军就这样原路返回。单于相信是上天把那名驻守哨所的军官赐给了自己，于是封他为天王。至于汉军那边，主力部队听说匈奴撤军了，赶紧追击，追到边塞也没追上，只好悻悻撤军。王恢兵团原计划作为别动队从代郡出击匈奴的辎重部队，听说匈奴撤军了，估计就算追上去也寡不敌众，所以也撤军了。

原文：

上怒恢。恢曰："始，约为入马邑城，兵与单于接，而臣击其辎重，可得利。今单于不至而还，臣以三万人众不敌，只取辱。固知还而斩，然完陛下士三万人。"于是下恢廷尉，廷尉当"恢逗桡，当斩"。恢行千金丞相蚡，蚡不敢言上，而言于太后曰："王恢首为马邑事，今不成而诛恢，是为匈奴报仇也。"上朝太后，太后以蚡言告上。上曰："首为马邑事者恢，故发天下兵数十万，从其言为此。且纵单于不可得，恢所部击其辎重，犹颇可得以慰士大夫心。今不诛恢，无以谢天下。"于是恢闻，乃自杀。自是之后，匈奴绝和亲，攻当路塞，往往入盗于汉边，不可胜数；然尚贪乐关市，嗜汉财物，汉亦关市不绝以中其意。

如此兴师动众，志在必得，结果却一无所获，三十万大军白白奔波一场。汉武帝的心情可想而知，自然要找王恢问责。王恢辩解自己的兵力只有三万，既然情况有变，三万人追击十万人显然是以卵击石，自己明知不战而回是死罪，但好歹保全了三万将士的性命。但这样的辩解无法说服汉武帝。王恢下狱受审，廷尉的审判结果是：王恢畏敌怯战，论罪当斩。

王恢以重金贿赂丞相田蚡，但田蚡也不敢在武帝面前为王恢说话，还要请姐姐王太后出面，说杀了王恢就等于替匈奴报仇，这种亲者痛而仇者快的事不能做。可是武帝的态度很坚决，说整件事都因王恢而起，为此发动几十万大军。就算事情有变，抓不到单于，王恢率领本部人马和匈奴大战一场也好，可他却不战而回。如果不杀他，怎么向天下人交代？

王恢听说后，自杀而亡，保全了最后一点尊严。

从此以后，匈奴不再跟汉帝国和亲，随心所欲地侵犯边境，杀人抢劫，只是还贪恋关市贸易的好处。汉帝国也没有撤销关市。双方既有敌对，又搞贸易。本该轰轰烈烈的马邑之役就这样无疾而终。

一场豪赌

汉帝国用尽全力却扑了个空。策划人王恢为此丢了性命，而汉帝国对匈奴从此失去了和亲这个选项。

马邑之役这整件事看上去似乎只怪运气太差，一个小小的偶然因素不但彻底改变了宏大的计划，还深刻影响了汉帝国的国运。王恢当初夸下海口，说"单于可禽，百全必取"，看来只是遇到了黑天鹅事件，不能怪他。汉武帝非要王恢的命，一是为了出自己心头这股恶气，二是总要有人为失败担责任，给所有人的情绪一个出口。不管王恢冤不冤，谁让他是计划的发起人呢？

但如果为整件事复盘，就会发现，并不能说坏运气就是一只黑天鹅。以两千年前的技术条件和管理水平，几十万人兴师动众去做一件需要高度保密的事，其间的指挥调度千头万绪，要想控制好每一个人、每一处细节，根本做不到。就算没有在岗哨那里出纰漏，大概也会在其他地方出纰漏。

再看匈奴方面，以十万人的规模去抢劫汉帝国边郡的一座县城，就算利令智昏，也不可能让十万大军挤作一团。这种深入敌境的常规打法，一般会有前锋，有殿后，有左右翼，至少会有很多侦察兵在大部队周围，像触角一样探查远方。所以，伏击一支十万人的骑兵部队，难如登天。

由此看来，马邑之役相当于一场豪赌，赌赢了一劳永逸，赌输了后患无穷。

那么，在单于发现有诈，原路返回之后，汉军假如追击下去，还有没有一线机会呢？

大概率没有。韩安国的主力部队追到了边境，且不论追上去能有多大胜算，单是拼速度，汉军就已经输了。至于王恢，虽然他辩解说当时必须重新审时度势，目标从围歼匈奴变为保全三万将士的性命，但即便他冒险追击，大概也是追不上的。

汉武帝杀王恢

还有一个问题：韩安国明明是主和派的代表，是马邑之役最坚定的反对者，为什么让他而不是王恢做全军统帅呢？这一点特别不合情理。从资历来看，虽然韩安国在"七国之乱"中以坚城固守而成名，但在后来的闽越之乱中，王恢和他各领一支军队分进合击，王恢并不缺乏军旅经验。汉武帝应该知道马邑之役以王恢为主帅才最合理、最高效，因为这样王恢才会效死力，务求必胜；而如果以韩安国为主帅，一旦打赢了，头功是王恢的，一旦打输了，错只错在王恢的计划上。

那么，汉武帝为什么会这么做呢？

最有可能的答案是：真正的统帅并不是韩安国，

而是汉武帝本人。这个细节不载于《史记》《汉书》，仅见于刘向的《新序·善谋下》，所以《资治通鉴》没有采录。邢义田先生有一篇考据文章《汉武帝在马邑之役中的角色》，认为虽然《新序》的记载是个孤证，但从方方面面来看，武帝亲征的可能性很高，而《史记》《汉书》避而不谈，只是因为有不得已的政治禁忌。以现有的史料来看，这种问题得不出定论。不过于情于理，要想解释为什么韩安国是主帅，而王恢只率领三十万大军当中的一支三万人兵团打包抄，"武帝亲征"可能是最佳答案。

"汉武帝杀王恢"从此成了管理学上的一个典故。多年后，唐太宗亲征高丽，遭遇了一场军事失利。主要责任人李道宗请罪，但唐太宗赦免了他："你虽然论罪该杀，但我以为汉武帝杀王恢，不如秦穆公用孟明视。"

秦穆公用孟明视是春秋时代的事。秦国军队在孟明视的指挥下，接连打了两次国耻级别的败仗，但秦穆公两次赦免了孟明视。在第三次战役中，孟明视终于一雪前耻。唐太宗讲这两个典故，意思是"使功不如使过"，要最大限度地激发李道宗的斗志。不过，李道宗的罪过远不如王恢，否则唐太宗恐怕也会采取跟汉武帝一样的做法。

那么，通过王恢向汉武帝献策的马邑豪杰聂壹怎么样了？很遗憾，史料并没有交代，只知道聂壹后继有人。聂家一直到东汉末年还定居在马邑，并且出了一位名将张辽——他是聂壹的后人，因为躲避仇家，才隐去本姓，改姓张。(《三国志·魏书·张乐于张徐传》)

历史上改姓的事情很多，原因多种多样。比如，陈国贵族逃亡齐国改姓为田，项羽族人投靠刘邦被赐姓为刘，娄敬因被刘邦赏识而变成刘敬，还有义渠人融入华夏文明而改姓公孙……所以，我们很可能和祖先并非同一个姓，只是年代久远，绝大多数的家族谱系都无从查考了。

汉武帝元光三年

079
汉武帝为什么听任江河决口

江河决口

原文：

（三年）

春，河水徙，从顿丘东南流。夏，五月，丙子，复决濮阳瓠子，注巨野，通淮、泗，泛郡十六。天子使汲黯、郑当时发卒十万塞之，辄复坏。

元光二年结束，进入元光三年（前132年）。

春天，黄河改道。夏五月，黄河在濮阳县瓠子堤决口，水患波及十六个郡。武帝派汲黯、郑当时征发十万人填堵被冲垮的河堤，但随堵随垮，无可奈何。

西汉年间，这种级别的水灾一共发生过两次，上一次已是四十多年前：汉文帝前十二年（前168年），"河决酸枣，东溃金堤"（《史记·河渠书》）。班固概述西汉的水利工程，用"文陲枣野，武作瓠歌"短短八个字总括了文帝治理金堤和武帝治理瓠子堤这两大盛事。（《汉书·叙传下》）不过，虽然这两次水灾被拿来相提并论，但武帝元光三年的瓠子堤决口水势更凶，危害更大。

汲黯、郑当时带十万人填堵决口都堵不住，是该换人还是加派人手呢？

原文：

是时，田蚡奉邑食鄃；鄃居河北，河决而南，则鄃无水灾，邑收多。蚡言于上曰："江、河之决皆天事，未易以人力强塞，塞之未必应天。"而望气用数者亦以为然，于是天子久之不复事塞也。

这时，丞相田蚡提出了关键性意见："江河决口是天意，堵塞决口就是逆天，咱们还是顺应天意吧。"

各种望气专家、术数专家也都赞同这一看法，汉武帝就对水患听之任之了。

但这一听之任之，竟然持续了二十几年。这就是苏轼在《河复》里所说的"君不见西汉元光、元封间，河决瓠子二十年。钜野东倾淮泗满，楚人恣食黄河鱣（zhān）"，在南方的楚人都能吃到黄河的鱣鱼了。受到这样的水患影响，粮食自然严重减产，受灾最重的是梁、楚两地。虽然皇帝听之任之，地方政府却不能完全不管。不过效果同样不佳，堤坝还是随堵随垮，花钱无数。（《史记·平准书》）

汉朝开国几十年间，实行无为而治、休养生息。政府尽量不生事，让民间经济自行恢复，野蛮生长。在今天看来，小政府没法应对大工程，但元光三年已迈进大政府时代了。为什么大政府会对抗洪救灾这种小政府难以胜任的大事彻底甩手？田蚡是不是真的相信抗洪等于逆天，无法确定，但黄河北岸的鄃（shū）县，也就是在今天的山东省德州市平原和夏津二县之间，正是他的采邑。黄河决口向南泛滥，鄃县安然无恙，粮食丰收。而在水患连连、全国粮食减产的大环境下，田蚡的耕地和粮食就更值钱了。

对黄河决口听之任之，田蚡可以从中渔利，汉武帝就算一时受到蒙蔽，后来那么多年就从没想透过这层利害关系吗？所以更有可能的是，武帝明知田蚡的获利点，但依然认为应该顺应天意。那么新问题来了：

后人看这段历史时，会不会大骂田蚡是祸国殃民的奸臣？

倒也不尽然。比如宋人晁补之有一篇论述水利的长文《河议》。文中统计了从汉武帝到王莽时代论述黄河治理的意见，一共十五家，田蚡赫然在列，属于"言非忠而近似者"。也就是说，虽然田蚡的话出于私心，但黄河决口不能用人力强行填堵这个观点其实没错。（《全宋文·卷二七二四·晁补之·河议》）

晁补之毕竟还批评了田蚡动机不良，而清代学术大师钱大昕则否定了这一点。他认为，田蚡这番话实在是"老成谋国之言"。所谓私心，肯定是讨厌田蚡之人的一面之词，并不公允。田蚡还有一件事做得令人称道，那就是在闽越之乱时建议袖手旁观。（［清］钱大昕《廿二史考异·卷三》）

按照钱大昕的说法，田蚡政治生涯里最精辟的两个意见，不是"做什么"，而是"不做什么"。那么，讨厌田蚡的人都有谁呢？他们又会怎样处理和田蚡的关系呢？

080

灌夫是怎么得罪田蚡的

灌夫其人

原文:

初,孝景时,魏其侯窦婴为大将军,武安侯田蚡乃为诸郎,侍酒跪起如子侄。已而蚡日益贵幸,为丞相。魏其失势,宾客益衰,独故燕相颍阴灌夫不去。婴乃厚遇夫,相为引重,其游如父子然。

事情的关键在于一个叫灌夫的人。当时窦婴淡出了政治舞台,原本在他身边阿谀奉承的宾客们纷纷巴结田蚡去了,搞得窦婴"门前冷落鞍马稀",照旧登门的就只剩灌夫一人。虽然灌夫很年轻,但窦婴和他意气相投,相识恨晚,二人处得就像父子一样。

我们借助《史记》了解一下灌夫的身世。看到姓灌,我们不免想到他可能是大汉开国名将灌婴的后人,但其实不是，或者说不完全是。灌夫的父亲名叫张孟，这并非什么正经名字，大约相当于张老大。张孟是颍阴人，近水楼台做了颍阴侯灌婴的家臣。灌婴特别喜欢张孟，举荐他到朝廷做官，做到了二千石级别，这实在是让人无以为报的知遇之恩。从此张孟就改了姓，叫灌孟。《史记》说"故蒙灌氏姓为灌孟"，没说清楚改姓的动机。所以，不知张孟是为了报答大恩才甘愿给灌婴当儿子，还是以自己的出身做二千石级别的高官不方便，这才冒用了灌婴的姓氏。无论如何，张孟从此变成灌孟，他的亲儿子也不叫张夫而叫灌夫了。

平定"七国之乱"时，灌婴已死，其子灌何继承爵位，追随太尉周亚夫出征，还请灌孟担任校尉。灌夫也在军中，管着一千人，相当于一名团长。当时灌孟年事已高，周亚夫并不想带他参战，多亏灌何为他说话，他才争取到校尉的差事。灌孟窝了一肚子火，一到战场上就专挑硬骨头啃，要证明自己虎老雄风在，最终为此付出了生命的代价。[1] 当时有军法规定，凡是父子共同参战的，如果有一人战死，另一人可以护送遗体回乡安葬。从这里可以看到汉朝军法人性化的一面。

1　[清]王先谦《汉书补注·窦田灌韩传》："孟年老，太尉亚夫不欲用之，颍阴侯强请而后可，故孟不得意也。"

但父子齐上阵，是春秋时期管仲提出的想法，因为只有这样的军队才能打出"打虎亲兄弟，上阵父子兵"的劲头。果然，灌夫不肯回家，而是慷慨激昂地要杀进吴军大营为父报仇。

在灌夫的感染之下，有几十名勇士愿意追随前去闯营。但等到出了自家营门，望到敌军壁垒森严、人多势众，很多人马上冷静下来，热血一下头，腿自然就软了。最后"独二人及从奴十数骑"，只有两个人和十几名奴仆冲向了吴军大营。（《史记·魏其武安侯列传》）

这是一处很值得关注的细节。"二人"指的是在编的汉军士兵，先前热血沸腾的几十名正规军就只剩这两人愿意陪灌夫玩命，但同行的竟然还有"从奴十数骑"，他们的身份不是军人，而是奴仆。这些人应该就是灌孟的家奴，看来不但会骑马能打仗，还对主人忠心耿耿，甘愿生死相随。

等灌夫等人返回大营时，"从奴十数骑"全部战死，那两名正规军骑士也只回来一个。而灌夫本人身负十几处重伤，若不是军中刚好备有良药，恐怕他也活不成了。

伤势稍有好转，灌夫就迫不及待地再次请战，但这一次被上级长官坚决制止了。战争结束后，灌夫名满天下。后来从景帝一朝到武帝一朝，灌夫在仕途上几次大起大落。最后一次被罢官后，他就闲居长安，和失了势的窦婴打得火热。

弹劾灌夫

灌夫的仕途就像过山车，这怪不得别人，完全是他的性格使然。《史记》说他"不喜文学，好任侠，已然诺"，也就是对文化、文辞看不上，追求大侠做派，答应别人的事情就一定要做到。"不喜文学"这一点刚好和汉武帝相反。任侠精神在秦汉之际、汉朝初年行得通，在文景时代勉强行得通，但到了武帝时代，中央集权的铁箍越勒越紧，社会上越来越没有任侠精神的容身之地了。也就是说，灌夫不但和汉武帝拧着，也和时代大势拧着。

原文：

夫为人刚直，使酒，诸有势在己之右者必陵之，数因酒忤丞相。丞相乃奏案："灌夫家属横颍川，民苦之。"收系夫及支属，皆得弃市罪。

灌夫为人，刻意蔑视地位比自己高的人，又刻意礼敬寒士,跟拜高踩低的主流社会风气唱反调。所以,难怪在窦婴失势之后,灌夫特别喜欢和他作伴。这些特点集中在一个人身上,就像一堆干柴,只欠一把火。更要命的是,灌夫自带火种——他的酒品不是一般地差,一喝就多,一多就醉,一醉就连天王老子也敢骂,终于骂到田蚡头上来了,但田蚡哪里是好惹的人呢?

灌夫和田蚡的矛盾,深深关联着窦婴。司马迁以生动鲜活的笔触写下了这一番爱恨情仇是怎样愈演愈烈,一发而不可收。如果这是一部连续剧,那么司马光做的就是删繁就简,直接跳到最后一集:田蚡终于出手了,因为灌夫的家人在颍川郡横行霸道,当地人民苦不堪言,所以要弹劾他。

灌夫虽住在长安,但老家在颍阴县,就是今天的河南省许昌市魏都区。这里原本是颍阴侯灌婴的封地,武帝建元六年(前135年),封国撤销,颍阴县划归中央直辖的颍川郡。灌夫的家人、宗族、宾客在颍川郡确实横行霸道,田蚡并没有栽诬他。当地甚至流传着这样一首童谣:"颍水清,灌氏宁;颍水浊,灌氏族。"意思是,别看现在灌夫家族这么猖狂,但早晚会变天,灌夫家族会被灭族。

根据《史记》,田蚡这一打报告,武帝有点困惑,说这点事丞相自己看着办就好,为何要来请示我呢?

(《史记·魏其武安侯列传》)

确实，从程序上说，虽然灌家富甲一方，但灌夫此时已无官无职，也不在彻侯之列，那么惩办灌夫家族的不法行为，完全没必要上报到皇帝这里。

面对田蚡的致命一击，灌夫没办法申辩，但他手里也握有田蚡的小辫子——田蚡更不干净，曾经暗中收受淮南王的贿赂，向淮南王透露朝廷机密。这种事若检举上去，可比灌氏家族的横行不法严重多了。

大闹婚宴

幸而他们双方都是长安城里有头有脸的人物，不乏有人穿针引线、息事宁人，事情总算过去了。结局虽然是平手，但显然是灌夫占了上风。看起来他只要继续抓着田蚡的把柄，就相当于握有一块免死金牌，田蚡再也不敢动他。灌夫如果够聪明，这时就该想到自己可能会有危险。

但他想不到这一层，偏偏窦婴也没想到。于是，在田蚡结婚、彻侯和宗室同去道贺的那天，终于出大事了。

灌夫看不惯宾客们巴结田蚡却对窦婴失礼，于是再一次使酒骂座，借着酒劲儿大闹婚宴现场。田蚡大怒，当即扣留灌夫。田蚡开始清算灌夫家族的旧账，派人分头缉捕灌氏宗族，连远亲都不放过，通通判为弃市之罪，要在闹市区当众处决。这样一来，灌氏族人不是被抓，就是逃亡在外不敢露面，而灌夫本人又被囚禁，再想检举田蚡的不轨勾当，已经完全没机会了。

田蚡要灭灌夫全族，只要自己拿主意就行，完全不必请示皇帝。事情发展到如此地步，只有窦婴能救灌夫了。

窦夫人很警醒，说灌夫救不得，浑水蹚不得。但窦婴说了一番豪言壮语："侯自我得之，自我捐之，无所恨。"意思是，侯爵是我自己挣来的，就算从我手里失去，也无所谓。由此来看，窦婴估算过风险，认为最坏的情况就是自己被牵连进去，爵位被撤销，一切特权待遇清零。后来的事实证明，即便是窦婴这样的政坛老江湖，在高度关切自身安危的事情上，也会大大低估政治斗争的残酷性。

当朝对质

原文：

魏其上书论救灌夫，上令与武安东朝廷辨之。魏其、武安因互相诋讦。上问朝臣："两人孰是？"唯汲黯是魏其，韩安国两以为是；郑当时是魏其，后不敢坚。上怒当时曰："吾并斩若属矣！"即罢。起，入，上食太后，太后怒不食，曰："今我在也，而人皆藉吾弟；令我百岁后，皆鱼肉之乎！"上不得已，遂族灌夫，使有司案治魏其，得弃市罪。

可怜窦婴这位单纯的老人家瞒着家人，偷偷给武帝上书，然后立即被武帝召见。在他看来，灌夫不过是使酒骂座。皇帝也好，丞相也罢，何必跟一个酒疯子一般见识呢？以灌夫出生入死的战功，难道还抵消不了这一点发酒疯的罪过吗？

话倒也在理，武帝听进去了，留窦婴在宫中吃饭，然后请他到太后面前，和田蚡当面把事情说明白。

这一当堂对质，正应了"相打无好手，相骂无好口"的老话。双方你一言我一语，互相揭短，越骂越凶，全然失了达官显贵的体统。很多朝廷重臣当时都在旁边听着，否则司马迁怎能把整件事的细节描写得活灵活现呢？最后，汉武帝请大臣们给意见，高官当中只有汲黯支持窦婴，韩安国对双方各打五十大板。还有一位郑当时，就是跟汲黯一起堵黄河决口的那位，一开始支持窦婴，后来却不敢坚持自己的意见，气得武帝破口大骂。

王太后更是气到吃不下饭，对武帝说："我还活着呢，就有人这么欺负我弟弟，将来我死了，我们王家人一定是任人宰割。"

太后都把话说到这份儿上了，武帝没办法，只好依着田蚡先把灌夫灭族，然后将伙同灌夫一起欺负田蚡的窦婴，交由司法机关好好审理。

这一审，毫无悬念，审出一个死罪。

汉武帝元光四年

---- 081 ----

窦婴和灌夫为什么会是悲剧结局

相互揭短

原文：

(四年)

冬，十二月晦，论杀魏其于渭城。

这一讲进入武帝元光四年（前131年），第一件大事发生在冬十二月的最后一天，魏其侯窦婴被公开处斩。司马光的《通鉴考异》梳理了时间线：田蚡成婚在元光四年夏，灌夫使酒骂座。杀灌夫全家在元光四年十月，杀窦婴在两个月后的十二月。杀两个大人物，杀得急如星火，尤其是窦婴的行刑时间，记录为什么会精确到天呢？

司马光有考证，说汉代经常在立春那天颁布赦令。所以，田蚡怕夜长梦多，无论如何都要在冬季结束之前处决窦婴。（《通鉴考异·卷一·汉纪上》）那么问题来了：灌夫的问题确实铁证如山，灭他全族也许量刑过重，但算不得很冤，他家乡的百姓一定会称皇帝圣明。可窦婴不过是替灌夫鸣冤而已，就算意见不被采纳，最多也只应是灰溜溜地回家，哪至于赔上自己的性命呢？而且，杀窦婴并不像当年杀晁错那样"衣朝衣斩东市"，而是正式进入了司法流程，论罪处斩。那么，窦婴到底犯了什么死罪呢？

我们借助《史记》为事情复盘：窦婴入宫，和田蚡当面争论是非曲直，但他实在找不出更多理由来为灌夫辩护，索性去揭田蚡的短，意思是：你田蚡就是乌鸦站在猪身上——尽看见别人黑了，现在我就让大家看看你自己有多黑。

就事论事，窦婴说的倒也没错，田蚡确实不干净。但田蚡反唇相讥，说现在天下太平，自己有幸成为皇帝的心腹大臣，兴趣爱好无非就是歌舞、打猎、买房地产和奢侈品。而窦婴和灌夫他们，招揽天下豪杰，秘密讨论政治，发泄对朝廷的不满，成天不是仰观天象就是俯察地图，贼溜溜的眼睛总在窥测着政治中心的一举一动，到底在盘算什么，只有天知道。

犯下大忌

这一回合的交锋，看上去田蚡赢了。

田蚡的问题，最大也不过就像我们熟悉的和珅那样，皇帝并不太在意。窦婴如果继续反击的话，最多是说天下一点都不太平，马邑之役刚刚失败，以后和匈奴有打不完的仗，黄河决口淹了十六个郡，到现在决口还没被堵上，田蚡作为大汉丞相实在难辞其咎。

但即便把话说到这个份上，田蚡也不过是失职而已，窦婴和灌夫却犯了皇帝的大忌。只要田蚡能拿出证据，这两人就是灭族之罪。不过，田蚡也只是空口栽诬，增加武帝对窦婴、灌夫的恶感。事情到了这一步，窦婴依然有机会全身而退。王太后就算要杀人立威，灭灌夫全族也就够了。她只想再打压一下窦婴，未见得会要窦婴的命。

皇帝、太后和高官们为这些事起了争执。退朝之后，每个人都憋着一肚子气。田蚡和韩安国同乘一车，恨恨地对韩安国说："咱们两人难道还对付不了那秃老头子一人，你为何首鼠两端呢？"成语"首鼠两端"

就是这么来的。

这个细节还告诉我们，田蚡和韩安国不但私交很好，而且并不避讳这种关系。韩安国被田蚡这样诘问，沉默了好一会儿，终于说道："您怎么就不知自重呢？窦婴说您坏话时，您应当向皇帝谢罪请辞，说自己不称职，窦婴说的都对。这样，皇帝一定会站在您这一边，窦婴哪还有脸在朝廷待着，回家关起门就咬舌自尽了。现在倒好，人家诋毁您，您就反唇相讥，就像商贩和女人吵架一样，成何体统。"

一句话点醒梦中人，田蚡这才自我检讨，说吵架时说急了，竟然没想到这个办法。

诏书疑云

下一个回合的过招马上就开始了。窦婴费尽口舌为灌夫辩解，说灌夫这好那好。武帝指派御史逐一核实，结果好多事情都对不上。这样一来，正好治窦婴一个欺君之罪，将他下了都司空狱。

都司空狱是汉武帝时才设置的，专门办理诏狱，囚禁彻侯和二千石级别的高官，上级部门是宗正。[1] 既然

---

1 《汉官六种·汉旧仪·补遗》："都司空，狱治列侯、二千石，属宗正。"

归宗正管，可见涉案人员非亲即贵。

那么问题来了：既然窦婴和灌夫亲如父子，由窦婴亲口讲的灌夫之事怎么就无法对证了呢？这可能要怪窦婴急于为灌夫开脱，因此夸大其词。但同样有可能的是，这件事是交给御史去查的，而御史部门的最高长官御史大夫正是田蚡的好友韩安国。

其实事情发展到这一步，窦婴只要痛哭流涕，认罪悔改，也还有一线生机。但窦婴不服输，还要再搏一把。我们最容易想到的是，他手里应该握着最后一张王牌，那就是灌夫先前要检举田蚡和淮南王私相授受的罪证。但窦婴倚仗的，其实是景帝留下的一份遗诏，它授予窦婴一项特权，就是当遇到难以解决的问题时，可凭此觐见皇帝，私下和皇帝商量。

窦婴此时被关在牢里，有千言万语要向武帝剖白，只是苦于出不去。幸好有亲人可以探监，窦婴便委托侄儿向皇帝上书，以这份遗诏为凭，希望武帝能再给自己一次面谈的机会。

万万没想到，坏就坏在这份遗诏上。

遗诏应当一式两份，皇宫里收藏一份，窦婴家里收藏一份，结果皇宫里查无此诏，窦婴家里的遗诏竟然是个孤本。这对收藏家来说或许是个好消息，但对窦婴不啻晴空霹雳。

皇帝发布文字指令，分为诏记和诏书两类。诏记是皇帝亲手写的便条，既不盖章，也不存档，办的都是不想声张的事情。但诏书不一样，是非常正式的文件，内容要由尚书代写，盖上御玺之后才会生效，还要在尚书官署留存副本。景帝的遗诏不是诏记，而是正式诏书，怎么会找不到副本呢？既然找不到副本，就肯定不是有关部门疏忽，而是窦婴伪造先帝遗诏！

这个罪名，足以送他去死。

窦婴之死

按理说，核对前朝诏书是必经的程序，窦婴不会不知道。他既然知道这套流程，又知道其中的利害，怎么可能伪造先帝诏书，直挺挺地往死路上冲呢？汉武帝应该不难想到这一疑点，也并非真的想置窦婴于死地。至于窦婴，监狱生活虽然信息闭塞，但终于还是听说了灌夫全族的死讯。他急怒攻心，中风瘫痪，索性绝食求死。（《史记·魏其武安侯列传》）

而《汉书》的记载略有不同，说窦婴不是真的中风，而是听说自己被控伪造先帝诏书，于是假装中风，绝食求死。（《汉书·窦田灌韩传》）清代法律专家沈家本有一种解释，说窦婴假装中风和绝食欲死并不是真要自杀,而是想装死逃生。所以,等一听说皇帝不想杀他了,他又开始有饭吃饭,有病治病。([清]沈家本《历代刑法考·汉律摭遗·卷六》)

总之,窦婴的案情开始明朗了,朝廷有了决议,留他活命。但被窦婴当作儿子的灌夫已被灭门,田蚡和窦婴之间已不存在"做人留一线,日后好相见"这个选项了,窦婴必须死。

于是,在朝廷作出决议之后,忽然又有流言蜚语传到武帝耳中。到底说了什么,史料并无记载,但武帝迅速收回成命,在十二月的最后一天斩窦婴于渭城。

司马迁评论窦婴和灌夫的悲剧,说这两人虽然都是贤人,但窦婴的缺点是看不懂时势的变化,灌夫的缺点是不学无术、傲慢无礼,所以当这两人抱团取暖时,自然要招灾惹祸。(《史记·魏其武安侯列传》)其实还有一点:这两人都是政坛上的失意人,一旦抱团,会越发愤世嫉俗,和主流社交圈水火不容。

无论如何,灌夫被灭族,窦婴被弃市,田蚡笑到了最后。而田蚡如此强势地杀了窦婴,他自己又还能走多久呢?

082

古人为什么容易厚古薄今

田蚡之死

原文：

春，三月，乙卯，武安侯蚡亦薨。及淮南王安败，上闻蚡受安金，有不顺语，曰："使武安侯在者，族矣！"

冬十二月晦日窦婴被杀，春三月乙卯日田蚡死在家里。在田蚡和窦婴你死我活、惊心动魄、一波三折的斗争结束后，田蚡不过笑了两个多月。

田蚡的死因，《资治通鉴》没有交代。根据《史记》的说法，田蚡生了怪病，总是撕心裂肺地喊着认罪的话。家人请来能看见鬼的巫师。巫师果然看见了鬼，说窦婴和灌夫的鬼魂一同守在田蚡身边，非要杀他不可。田蚡竟然就这么死了。(《史记·魏其武安侯列传》)

看上去这是一个善恶到头终有报的故事，虽然很难说窦婴和灌夫是善的一方。不过，正所谓"塞翁失马，焉知非福"，如果把时间尺度稍微拉长一点，就会发现田蚡幸亏死得及时，否则下场会和灌夫一样。

《资治通鉴》的记载很简短，说等到淮南王刘安谋反事败，武帝才听说田蚡接受过淮南王刘安的贿赂，还讲过很不得体的话。于是，武帝恨恨地说道："假如田蚡还活着，一定要杀他全族！"

至于田蚡和刘安的这段交往，发生在八年前的建元二年（前139年）。前文讲过，刘安进京时，身为太尉的田蚡亲自出城到霸上迎接，还说了这样一番话："当今皇帝没有儿子，大王您是高皇帝的亲孙儿，仁义之风天下皆知，一旦皇帝驾崩，有资格继承皇位的，除了您，还能有谁呢？"

这番话说得刘安心花怒放，以大手笔厚赠田蚡，从此越发野心膨胀。[1]

那一年的汉武帝只有十八岁。若干年后，刘安谋反案轰动天下。在朝廷彻查的过程中，这段往事被翻了出来，而这正是灌夫生前想要反制田蚡的致命武器。

《史记》记载，在窦婴和田蚡的恶斗事件里，汉武

---

[1] 详见前文第058讲。

帝一直觉得是田蚡不占理，只是为了太后，才不得已杀了窦婴，遂了田蚡的意。等到发现田蚡曾和刘安私相授受，武帝不禁大怒道："使武安侯在者，族矣。"这句话后来成为典故。吴伟业的《永和宫词》中有一句"自古豪华如转毂，武安若在忧家族"，写的是明代崇祯一朝的外戚田弘遇，感叹他如果活到明朝灭亡之后，就该为家族的命运担忧了。

有一处值得留心的细节是：田蚡死后，他的儿子田恬继承了武安侯的爵位。到武帝元朔三年（前126年），田恬被扣了一个穿便服入宫的罪名。这种事当然可轻可重，但武帝从重处理，田恬的爵位和封国就这么被撤销了。（《史记·魏其武安侯列传》）但是，王太后怎么可能坐视不管呢？最有可能的答案是：王太后应该躺在病床上，什么也管不了，下一年她就过世了，和景帝合葬在一起。（《史记·外戚世家》）而这时，淮南王刘安的谋反大业还未曾暴露出来。

长孺国器

原文：

夏，四月，陨霜杀草。

御史大夫安国行丞相事，引，堕车，蹇。五月，丁巳，以平棘侯薛泽为丞相；安国病免。

地震，赦天下。

九月，以中尉张欧为御史大夫。韩安国疾愈，复为中尉。

回到元光四年（前131年），夏四月，天气反常，霜寒冻死杂草。

御史大夫韩安国代理丞相事务，不小心从车上摔下来，摔伤了脚。五月丁巳日，武帝任平棘侯薛泽为丞相，韩安国因病离职。

这段记载有点让人摸不着头脑。田蚡死后，丞相岗位不能空缺太久，而汉家的传统是御史大夫相当于候补丞相。按说丞相一职出现空缺，御史大夫自然升任丞相，但为何时任御史大夫的韩安国只是代理丞相事务，反而是从没听说过的薛泽当了丞相呢？

《史记》《汉书》里有答案。韩安国代理丞相事务，原本只是一个过渡性的安排。武帝很器重韩安国，认为他是"国器"——就是"国家栋梁"的意思——接下来就该履行正式手续，让韩安国做丞相了。没想到偏偏这时，韩安国摔伤了脚，瘸得很厉害。武帝没办法，这才改任薛泽为相。韩安国的离职，既不是辞职，也不是被罢免，而是相当于请了几个月的病假。（《史

记·韩长孺列传》《汉书·窦田灌韩传》)

"国器"从此成为一个文化语码。唐朝李瀚编的儿童识字课本《蒙求》中有一句"季圭士首,长孺国器","长孺"就是韩安国的字。《蒙求》是给小孩读的,"长孺国器"自然就变成读书人的常识。

至于平棘侯薛泽究竟是何许人也,《史记》有一段综述性文字,说自从景帝时的丞相申屠嘉死后,景帝一朝有开封侯陶青、桃侯刘舍为丞相,武帝一朝有柏至侯许昌、平棘侯薛泽、武彊侯庄青翟、高陵侯赵周等人为丞相。这些人都是以彻侯继承人的身份进入官场的,庸庸碌碌,无所作为,只是充数而已。(《史记·张丞相列传》)

薛泽刚刚就任丞相,就发生了一场地震。然后朝廷发布赦令,这也算赈灾措施的常例。

九月,武帝以中尉张欧为御史大夫,补韩安国的缺。武帝如此安排,应该是没想到韩安国的脚伤很快就会好。等韩安国回来报到了,总不好再让张欧回去做中尉。于是,武帝就让韩安国去做中尉,相当于他和张欧调换了一下工作岗位。

修学好古

原文：

河间王德，修学好古，实事求是，以金帛招求四方善书，得书多与汉朝等。是时，淮南王安亦好书，所招致率多浮辩；献王所得书，皆古文先秦旧书，采礼乐古事，稍稍增辑至五百余篇，被服、造次必于儒者，山东诸儒多从之游。

本年度的大事件到此结束，但《资治通鉴》又用很大篇幅来介绍河间王刘德的生活状态，这是在为下一年年初刘德的入朝和身故做必要的铺垫。

刘德是儒学发展史上的一个重要人物。他是汉景帝和栗姬生的儿子，也就是栗太子刘荣的同母兄弟。他受封河间王，论起来是汉武帝的亲叔叔。《资治通鉴》采录刘德的史料，来自《汉书·景十三王传》，首先以八个字概括刘德的为人："修学好古，实事求是。"成语"实事求是"就是这么来的。至于"修学好古"，就是喜欢读书学习，很有崇古精神。换言之，刘德是一位重度的儒学爱好者。

今天我们生活在一个科学昌明、日新月异的时代，不容易理解古人那种崇古甚至厚古薄今的精神，但在刘德生活的时代，崇古精神相当自然。秦始皇搞过焚书，项羽又烧了一次咸阳，加上连年战乱，没给汉帝国留下多少文化积淀。在文化传统被斩断之后，国家该怎么治理，水患该怎么消除，老天爷的意图该怎样解读，凡此种种，人们经常一无所知。因此，应对的办法就是搜集整理古代文献，让前人积累的宝贵经验重见天日，指导前进的方向。

于是刘德以重金悬赏，从民间征集劫后余生的古书，而且收到好书之后，会认认真真抄写一份副本送给原主。这样一来，河间王府的藏书规模竟然不亚于朝廷。当时淮南王刘安也在做差不多的事情，区别仅仅在于：刘德搜集的是秦朝以前的古书，基本都是儒家经典；刘安那边则大多是些内容浅薄、徒逞口舌之利的东西。

刘德在河间国也设立了博士官，其中有一位毛公，擅长讲授《诗经》，他这一派的《诗经》学术被称为"毛诗"。朝廷的诗学博士本来就有齐诗、鲁诗、韩诗三家，加上毛诗就是四家了。后来齐、鲁、韩三家官方诗学先后消亡，反而是地方性的毛诗一家独大。我们今天读的《诗经》，底本就是毛诗。后来清朝学者搜集了齐、鲁、韩三家的残章断句，才使我们看到汉代《诗经》官学的大概模样。

还有一位贯公,在刘德那里做了《左氏春秋》博士。《左氏春秋》就是《春秋左氏传》,简称《左传》。关于《春秋》,有三部阐释解说性质的文献,合称"《春秋》三传"。其中的《公羊传》已经立为官学,算是朝廷钦定的正统《春秋》学术,《穀梁传》还在等待机会,而《左传》则被刘德设立了博士官,和毛诗一样成为地方性学术,有点介于在朝和在野之间。后来,就像《诗经》四派中最有生命力的是毛诗一样,《春秋》三传中最有生命力的是《左传》,这在相当程度上要归功于刘德的眼光。

刘德真诚地信奉儒学,一举一动都以儒学标准来约束自己,所以整个关东地区的儒者都愿意追随刘德。那么问题来了:汉武帝推崇儒学,刘德也推崇儒学,既然二人如此趣味相投,汉武帝会不会格外喜欢他呢?

汉武帝元光五年

083

汉武帝为什么不喜欢刘德搞儒学

刘德治乐

原文:

(五年)

冬,十月,河间王来朝,献雅乐,对三雍宫及诏策所问三十余事。其对,推道术而言,得事之中,文约指明。天子下太乐官常存肄河间王所献雅声,岁时以备数,然不常御也。

这一讲进入武帝元光五年(前130年)。年初是诸侯王进京朝见的日子。这有点像三亲六戚回老家过年，总要拎一点土特产。河间王刘德拎来的土特产与众不同，是所谓雅乐。这是一份厚礼，正是朝廷所缺的东西。

前文讲过，儒家学术是孔子传承的周代官学，也就是古代圣王的典章制度：诗、书、礼、乐、易、春秋，一共六大体系，合称六艺。它们都有自己的文献，因地位崇高，被尊奉为六经。但其中乐的文献早已失传，所以其实只有五经。汉武帝再怎么推崇儒学，也只能设置五经博士，没法设置六经博士。[1]

刘德在河间国搜罗先秦典籍，还和身边那些儒学专家们一道搞研究，将文献当中涉及音乐的零散内容汇集整理，编辑出一部《乐记》。后来到汉宣帝时，儒家学者戴圣将《乐记》收入《礼记》。今天我们读儒家十三经中的《礼记》，《乐记》就是其中第十九篇。

当然，儒家经典的成型往往有着复杂的过程，《乐记》到底是不是刘德的成果，直到现在还是一个争议问题。无论如何，刘德钻研儒家礼乐很有心得。但当时研究音乐有一个棘手的问题，那就是演奏方法搞不清楚。

《礼记·乐记》讲的都是音乐理论，尤其是把音乐

---

[1] 详见前文第070讲。

和政治比附，分析得很深刻，却不知音乐到底该怎么演奏。如果懂得演奏的乐师一个都找不到，那先秦雅乐就真的失传了。更要命的是，即便找得到乐师，他演奏的到底是不是当年被孔子认定过的雅乐，竟然也没有鉴别标准。

刘德给朝廷进献了怎样的雅乐，后人已不得而知。但基本可以判定的是，这些雅乐即便不够正宗，至少也有几分相似，因为武帝在收到这份大礼之后，便交给宫廷乐官排练，准备在朝廷有盛典时演奏。不过，事实上这些音乐很少有机会演奏。

雅乐的尴尬

《论语》中有一段名言："子在齐闻《韶》，三月不知肉味。"（《论语·述而》）迷住孔子的乐曲《韶》，被认为是圣人舜的音乐。孔子还爱听周武王的音乐，叫作《武》。他拿《韶》和《武》做比较，认为《韶》"尽美矣，又尽善也"，而《武》"尽美矣，未尽善也"，给我们留下了"尽善尽美"这个成语。（《论语·八佾》）这些让孔子如痴如醉的古乐就是雅乐，但是除了孔子和极少数有着高超音乐修养的人，没有人爱听这些古董音乐，大家都喜欢流行音乐。

所以，进入战国时代，齐宣王直言不讳地告诉孟子："寡人非能好先王之乐也，直好世俗之乐耳。"（《孟子·梁惠王下》）因为越来越被当作神圣、庄严之物，雅乐注定娱乐色彩越来越弱，让人敬而远之。而当刘德怀着宗教徒般的心态试图复原雅乐时，任何一段因为悦耳而显得可疑的乐句大概都会被舍弃，最后呈现的音乐一定格外庄严肃穆，也许不会比今天的哀乐更好听。

后来的历朝历代永远强调雅乐，但永远弥漫着批评的声音。毕竟乐器也好，音乐的范式也罢，都在不断演进，丰富多彩，而孔子时代正式典礼上的钟磬之音就越来越没人爱听了。

武帝的警告

刘德进献雅乐，汉武帝又向他请教儒家的各种典章制度。刘德言简意赅，对答如流。那么问题来了：这时的汉武帝会是怎样的心情呢？同为儒学爱好者，汉武帝一定和刘德相见恨晚吧？

原文：

春，正月，河间王薨，中尉常丽以闻，曰："王身端行治,温仁恭俭,笃敬爱下,明知深察,惠于鳏寡。"大行令奏:"谥法:'聪明睿知曰献',谥曰献王。"

《资治通鉴》并没有给出答案,仅仅交代了三个月后的春正月,刘德过世,谥号为献。根据谥法,聪明睿智谓之"献"。后来提起刘德,称呼就不再是河间王,而是河间献王了。

《史记集解》援引《汉名臣奏》中杜业的一份奏疏,对刘德之死给出了另一种说辞。见刘德对儒学问题对答如流,武帝不高兴了,冷冷地说出一句话:"商汤王以七十里版图创立王业,周文王以百里版图创立王业,您就好好努力吧。"刘德听出弦外之音,回到河间国后,再也不搞儒学了,而是像纨绔子弟一样纵酒享乐,就这么死了。

汉武帝那句话,相当于警告刘德:"你是不是想造反啊?"可是刘德一门心思都在古代文献上,这样一个学者型诸侯王,为什么怀疑他会造反呢?

答案是:在儒学语境当中,刘德的所作所为确实给他奠定了夺取天下的基础。商汤王当初只有方圆七十里的地盘,但因为施行仁义,灭掉了夏朝,建立了商朝。同样,周文王当初也只有方圆百里的地盘,也因为施行仁义,灭掉了商朝,建立了周朝。刘德的河间国不止方圆百里，照这样施行仁义下去，天下归心，他还偏偏姓刘，是汉景帝的亲儿子，到时夺权篡位岂不很容易？任何一门学术，只要在政治上被独尊，就摇身变成了宗教。而在宗教层面，教主只能有一个。

皇帝是"天地君亲师"五位一体，其中"师"不仅是"老师"之意，更是"教主"之意。

如果仅仅是"老师"，那么"三人行必有我师"，"师"可以是任何人。而"教主"是最高学术权威，是所有争议的终极裁判官，是宇宙终极真理的化身，注定只能有一个。刘德大搞儒学，事实上就是在和汉武帝争抢权威。假如换作别人，无论是田蚡、窦婴还是王臧、赵绾，儒学搞得再精深，也无非是为人作嫁，帮汉武帝树立权威，但刘德姓刘，自然就不一样了。

听到武帝那句话，刘德应该吓出了一身冷汗。

那么，杜业奏疏里讲的到底有多高的可信度呢？

徐复观先生有过考证，说杜业的曾祖父是汉武帝时代著名的酷吏杜周。杜周之子杜延年为汉朝立过大功，受封建平侯。杜延年之子杜缓做官做到太常，是皇家礼仪官。而杜业就是杜缓的儿子，还在成帝年间娶了皇帝的妹妹。可见杜业完全有资格知道宫廷内幕，他所讲的刘德死因有很高的可信度。（徐复观《两汉思

想史·第一卷》)

原文：

班固赞曰：昔鲁哀公有言："寡人生于深宫之中，长于妇人之手，未尝知忧，未尝知惧。"信哉斯言也，虽欲不危亡，不可得已！是故古人以宴安为鸩毒，无德而富贵谓之不幸。汉兴，至于孝平，诸侯王以百数，率多骄淫失道。何则？沈溺放恣之中，居势使然也。自凡人犹系于习俗，而况哀公之伦乎！"夫唯大雅，卓尔不群"，河间献王近之矣。

司马光并没有采信这段史料，所以在《资治通鉴》里，刘德冬十月进京朝见，春正月过世，似乎并没有什么异常。然后司马光引用了班固的一段评论，大意是：汉朝诸侯王多达三位数，个个骄奢淫逸，实在是从小锦衣玉食，环境使然。只有大雅之人卓尔不群，河间献王刘德差不多就是这样的人物。

成语"卓尔不群"就是从这里来的。班固的原话出自《汉书·景十三王传》，并不是单为刘德而发，而是综论景十三王之后做出总结，特地点出刘德的名字，可见他是如何"卓尔不群"。

随着刘德的过世，河间国的学术风气风流云散。

学术中心等于宗教中心,当河间国不再有学术中心的模样,长安自然就是唯一的宗教中心。刘德如果还活着,越是卓尔不群,就越会被皇权猜忌和打压。他看上去简直是一个完美无缺的人类楷模,没有任何道德瑕疵,也没有生活在一个昏君盲聋、奸臣当道的时代,但竟然自甘堕落才是他唯一的求生之道。

084

唐蒙是如何发现了征服南越的新路线

西南夷

这一讲继续留在武帝元光五年（前130年），朝廷要发动一件影响深远的大事：通西南夷。今天的云、贵、川地区要逐渐被纳入汉帝国的版图。

我们借助《史记·西南夷列传》了解一下所谓西南夷到底是怎么回事。

西南夷是西夷和南夷的总称，就是西部和南部的夷狄。西南夷和百越一样，并不是一个国家政权，而是很多大大小小的部落。

从今天的中国地图来看，整个中国南方大体可以分为东南和西南两部分，东南粗略就是江西、浙江的部分地区和福建、广东、广西，西南粗略就是四川的部分地区和云南、贵州。秦始皇开疆拓土时，几十万大军浩荡南征，不管什么百越、西南夷，从此都划入大秦版图。但秦朝灭亡得太快，汉朝又没能力接管秦朝的全部疆域。对于百越，汉朝勉强建立了宗主国和藩属国的朝贡体系，而南越、闽越、东瓯则没少给大汉皇帝添乱。至于西南夷，汉朝对其基本是彻底放任的状态。《华阳国志·蜀志》记载道："高后六年，城僰（bó）道，开青衣。"保守一点理解，就是在高后六年（前182年），汉帝国确立了对僰道和青衣道的控制权。激进一点理解，按照林剑鸣先生的看法，高后六年，汉政府在僰道和青衣道设置了关市，管理汉帝国和西南夷的边境贸易。（林剑鸣《秦汉史》）

巴蜀之富

根据秦汉的郡县设置，凡是有少数民族聚居的县级行政区都被称为"道"。之所以这样命名，按照严耕望先生的解释，是因为要先修一条道路通到这里，并且控制住这条道路，才能对这里形成有效的统治。（严耕望《中国地方行政制度史：秦汉地方行政制度》）

僰道，顾名思义，就是有很多僰人聚居的县级行政区，位置在今天的四川省宜宾市翠屏区。僰人是西南夷中的一个族群，又有东僰、西僰、邛僰等多个分支，生活在僰道的僰人属于西僰。战国时代，秦惠文王灭掉西僰，在原地设置僰道，上级行政区可能是巴郡，也可能是蜀郡。

青衣道在今天的四川省芦山县，或是雅安市名山区北。当地有一条河，叫青衣水，还住着一个羌族部落，叫作青衣羌。秦始皇在此设置青衣道，隶属蜀郡。

有僰道和青衣道这两个边贸窗口，汉帝国和西南夷的大小部落就这样相安无事几十年。我们读《资治通鉴》，会感觉百越时不时搞出一番动静，但西南夷几乎毫无存在感。之所以如此，还有一个原因，就是汉帝国关闭了蜀郡的边界。这也算一种闭关锁国的措施，但以当地的复杂地貌和当时的技术和管理手段，走私性质的民间贸易是拦不住的——巴蜀百姓偷偷和西南夷做生意，买来筰（zuó）马、僰僮和牦牛这三大特产，巴蜀两郡就是这么富庶起来的。

所谓筰马，筰是西夷的一支，活动范围大约是今天的四川省阿坝藏族羌族自治州和甘孜藏族自治州的部分地区；牦牛也是藏区特产；最特别的是僰僮，这就属于奴隶贩卖了，是指汉人买僰人来充当奴隶。

《汉书》还有一点补充信息，说巴蜀、广汉一带购买外族奴隶，来源地除了僰，还有滇，也就是今天的云南省昆明市一带。(《汉书·地理志下》)《华阳国志·蜀志》一开篇就夸耀蜀地的富饶，说"其宝则有璧玉、金、银、珠、碧、铜、铁、铅、锡、赭、垩、锦绣、罽（jì）、牦、犀、象、毡、毦（ěr）、丹黄、空青、桑、漆、麻、纻之饶"，囊括了珍稀矿产、动植物、颜料和纺织品；下半句是"滇、僚、賨（cóng）、僰僮仆六百之富"。这样一看，奴隶来源还有西南夷当中的僚和賨两个民族，而且这些奴隶论品质、论数量，都能和前半句盛赞的那些珍稀物资相媲美。

那么，这些奴隶到底被用来做什么呢？《太平御览》引《郡国志》，说僰人奴隶是所有少数民族当中"最贤"的，应当是称赞他们心地淳朴，吃苦耐劳。他们会在荔枝园里劳作，而一座荔枝园中有上万株荔枝树。（《太平御览·卷一九七》）如果这条记载足够可信，说明当时的四川西南部盛产荔枝，并且形成了规模性的奴隶劳作，就像美国蓄奴时代南方各州的种植园经济模式。（王子今《汉武帝"西夷西"道路与向家坝汉文化遗存》）

枸酱

原文：

初，王恢之讨东越也，使番阳令唐蒙风晓南越。南越食蒙以蜀枸酱，蒙问所从来。曰："道西北牂柯江。牂柯江广数里，出番禺城下。"蒙归至长安，问蜀贾人。贾人曰："独蜀出枸酱，多持窃出市夜郎。夜郎者，临牂柯江，江广百余步，足以行船。南越以财物役属夜郎，西至桐师，然亦不能臣使也。"

就这样岁月静好，转眼就到了汉武帝时代。南方爆发闽越之乱，武帝派王恢和韩安国两路大军攻打闽越，救援南越，这是建元六年的事情。[1] 汉军不战而胜之后，还发生了一个小插曲：王恢派唐蒙出使南越，毕竟汉帝国为了救援南越劳师动众，这个态度和这份辛劳必须让南越知道。南越款待唐蒙，饮食中有一种叫枸（jǔ）酱的美味吸引了唐蒙的注意。

在唐蒙的印象里，枸酱应该是蜀郡特产，怎么会出现在南越呢？

关于南越的疆域，史料记载并不清晰，只能说南越基本包括了今天中国的广东、广西和越南的北部，还有可能深入到了越南中部。而我们看中国地图：四川和两广中间还隔着云南和贵州。当时的云南、贵州都属于西南夷，是汉帝国西南疆域外的未知之地。那么四川的枸酱究竟是怎么到的南越呢？

---

[1] 详见前文第072讲。

唐蒙动了心，问南越人从哪里得来的枸酱，南越人说是从西北方向的牂（zāng）柯得来的，还说牂柯江足有好几里宽，流经番禺城下。

番禺就是南越国的首府，今天的广东省广州市越秀区。唐蒙因此知道有一条很宽的牂柯江，可以把蜀郡的物品运送到南越国都。但是，蜀郡并没有这样一条江。

唐蒙心里存着这个疑惑，回到长安之后，去找蜀地商人打听，终于把整条物流线路弄清楚了。蜀郡商人的说法是：枸酱这种东西只有蜀郡出产，蜀郡人每每带着枸酱越过国境，和夜郎国做交易，而这个夜郎国恰恰就在牂柯江边上。牂柯江虽然没有南越人说的好几里宽，但也有百余步的宽度，足以行船。南越一直想用财物收买夜郎，虽然它的影响力向西可以达到桐师，但却始终没能控制夜郎国。

蜀郡商人提到的桐师，是百越当中滇越的领地，在今天的云南省保山市隆阳区。至于夜郎，说它是国或是部落都无所谓，疆域大约相当于今天的贵州省西部。夜郎国的国都，或者说夜郎人的活动中心，就在牂柯，至于它对应今天的什么地方，说法很多。

总之，蜀郡商人提供的信息和南越人讲述的枸酱来源，在唐蒙心里串起了一条完整的行军路线：如果从蜀郡可以方便地抵达夜郎，从夜郎又可以利用牂柯江顺流而下，岂不是可以大军压境，直捣番禺，轻松拿下南越国吗？

南越君臣哪里想到，一份款待汉朝使臣的枸酱竟然会为自己招致灭顶之灾，真是不怕没好事，就怕没好人。而唐蒙不管是灵光乍现也好，绞尽脑汁也罢，无非是要找一个立功的机会。只有立下盖世奇功，才能挣来泼天富贵。

唐蒙上书

原文：

蒙乃上书说上曰："南越王黄屋左纛，地东西万余里，名为外臣，实一州主也。今以长沙、豫章往，水道多绝，难行。窃闻夜郎所有精兵可得十余万，浮船牂柯江，出其不意，此制越一奇也。诚以汉之强，巴、蜀之饶，通夜郎道为置吏，甚易。"

于是唐蒙向汉武帝上书，首先论证南越该打，因为南越王在国内用的"黄屋左纛（dào）"是皇帝的仪仗，而且南越国幅员辽阔，东西万余里，名义上虽是汉帝国的藩属，其实就是一方之主。

唐蒙的理由就是我们熟悉的"天无二日，民无二王"。那么从道义上，打南越是应当的。以前不打，是因为以当时的地理知识，要打南越只有两条路，要么从长沙国走，要么从豫章郡走，无论哪条路都是千难万险，交通成本太高。但现在有了新的地理知识，可以走通夜郎这条路。唐蒙还说："听说夜郎全国上下有精兵十余万，如果我们控制了夜郎国，那么这些大军从牂柯江顺流而下，出其不意就能制服南越。怎么才能控制夜郎国呢？以汉帝国的强大，以巴郡、蜀郡的富饶，只要先开辟一条通往夜郎的道路，就很容易派驻官员，控制当地。"

唐蒙提到夜郎有精兵十余万，显然是夸大其词。但无论如何，只要在蜀郡开通一条通往夜郎的官道，那么制服南越就指日可待。

085

贵州一带是如何进入了汉朝版图

唐蒙的方案

唐蒙从偶然吃到的一份构酱开始，顺藤摸瓜，搜集整理信息，最终向汉武帝提出了一项开辟新通道、收服西南夷、吞并南越国的恢宏计划。他的每一个重点都搔到了汉武帝的痒处，尤其是可行性分析部分，提前想到了所有关键节点可能遇到的难题，并且提供了四两拨千斤的解法。

第一个难题是：南越国认汉帝国当大哥，自己挨了打都不敢还手，而是请大哥出面调停，做小弟做到这份儿上，大哥反而去打他，还要将其吞并，道义上说不过去。汉帝国虽强，但也要顾及脸面。

唐蒙的解题思路是：南越国根本没守小弟本分，南越王在国内悍然使用皇帝仪仗，是可忍孰不可忍。

第二个难题是：就算开辟了新通道，汉帝国依然需要派遣大军远征南越，面临高昂的人力物力动员成本。

唐蒙认为没关系，夜郎国的十几万精兵就是现成的兵源。只要夜郎国可为汉帝国所用，那么从夜郎走牂柯江顺流而下，兵临南越首府番禺，不过是一次郊游。

第三个难题是：从巴蜀开辟一条官道直达夜郎，会不会很难呢？如果好修路，秦国在战国年间就能把夜郎和南越吞掉，并且实施有效管理了。

唐蒙不以为然，说巴蜀那么富饶，修一条路能有多难，根本不劳中央政府费心。

原文：

上许之。

汉武帝果然被说动，批准了唐蒙的方案。

夜郎设郡

原文：

乃拜蒙为中郎将，将千人，食重万余人，从巴、蜀筰关入，遂见夜郎侯多同。蒙厚赐，喻以威德，约为置吏，使其子为令。夜郎旁小邑皆贪汉缯帛，以为汉道险，终不能有也，乃且听蒙约。还报，上以为犍为郡。

事情的第一步，并不是直接从巴蜀边境修路，而是先派使者到夜郎，做好沟通，取得共识。于是，武帝升唐蒙为中郎将，统率一支千人规模的军队，带足万人规模的补给，出巴符关前往夜郎。[1] 虽然史料并未交代唐蒙一行人到夜郎要经历多少艰难险阻，但补给达到常规所需的十倍，这已足够说明问题。

唐蒙终于进入夜郎国，见到了夜郎王多同，威逼利诱双管齐下，双方最终达成协议：汉帝国可以在夜郎设置官吏，意味着夜郎国从此不复存在，变成汉帝国的直辖郡县。夜郎王同意这样一个丧权辱国的条件，

---

[1] 唐蒙出境之处，《资治通鉴》原文为"从巴、蜀筰关入"。《汉书补注·西南夷两粤朝鲜传》引王念孙的考证："巴筰关，本作巴符关。《水经》云：江水东过符县北邪东南，鳛部水从符关东北注之。注云：县故巴夷之地也。汉武帝建元六年，以唐蒙为中郎将，从万人出巴符关者也。是符关即在符县，而县为故巴夷之地，故曰巴符关也。汉之符县，在今泸州合江县西，今合江县南有符关，仍汉旧名也。若筰地则在蜀之西，不与巴相接，不得言巴筰关矣。隶书，符字作苻，与筰相似，又涉上下文筰字而误。《史记》作巴、蜀筰关（《通鉴》汉纪十同），多一蜀字，于义尤不可通，盖因上文巴蜀而衍（上文略巴黔中以西，巴下亦衍蜀字，辨见《史记》）。旧本《北堂书钞·政术部》十四引《汉书》。正作巴符关（陈禹谟依俗本汉书。改符为筰）。"

是因为一来汉帝国委任的官吏不是外人，而是自己的亲儿子；二来只要答应了汉帝国条件，马上就能得到大把的金银财宝。而从汉帝国前往夜郎，一路崇山峻岭，夜郎王并不担心汉帝国真有本事能奈何自己，夜郎周边的部落也是同样想法。

唐蒙成功完成第一阶段的使命，返回长安汇报工作，于是，朝廷置夜郎国及其周边地区为犍（qián）为郡。夜郎一带，也就是今天的贵州省西部，理论上正式进入了汉朝版图。

之所以说"理论上"，是因为汉政府并不能对犍为郡实施有效的控制，而夜郎王多同答应并入汉帝国，也只是虚与委蛇之计，想拿一个虚名换取实实在在的利益。

犍为郡，名字看上去让人费解。文史学者陶元甘先生深入考察过这个问题，发现"犍"字在两汉年间并不存在，而是由五代北宋之际的文字学家徐铉增补进《说文解字》的，而我们看到的《史记》《汉书》都是宋朝以后的版本。这就意味着，犍为郡的"犍"在汉朝应该是另外一种写法，另外一种意思。

原本的"犍"字，不是牛字旁，而是木字旁（楗），本义是屏障、门户，后来变成提手旁（揵），之后又变成牛字旁（犍）。那么，"犍为"的原始含义就

很明确了，就是作为汉帝国西南边疆的门户和屏障。(陶元甘《犍为郡得名由来》)

在夜郎国看来，什么犍为郡、门户和屏障，都是汉人利令智昏的想当然，和自己没有半点关系。而汉朝既然设置了犍为郡，就该着手进行第二步了：就像唐蒙当初描绘的那样，巴蜀富饶，那就调动巴郡和蜀郡的人力物力修路，要从僰道一直修到牂柯江畔。

我们需要留心一个细节：不久前唐蒙出使夜郎，走的是巴符关，如今正式修路却不从巴符关开始，而是从僰道开始。原因可能是唐蒙通过自己的亲身经历知道，从巴符关开始修路难于登天，必须换一个起点。只是他不知道，就算换成僰道，前途的艰难险阻也不会少。我们以今天的地理坐标粗略想象一下唐蒙规划中的基建项目：相当于从四川宜宾修一条路到达贵州遵义，要先后经过成渝环线高速、蓉遵高速、仁遵高速，行程大约三百七十公里，而且一路翻山越岭。

原文：

发巴、蜀卒治道，自僰道指牂柯江，作者数万人，士卒多物故，有逃亡者；用军兴法诛其渠率，巴、蜀民大惊恐。上闻之，使司马相如责唐蒙等，因谕告巴、蜀民以非上意；相如还报。

一将功成万骨枯,唐蒙踌躇满志,要建功立业,并不在乎巴蜀两郡的人会为此付出多高的代价。就这样,唐蒙主持工作,征调巴蜀数万人开山修路。这项工程实在过于艰险,以致断送了很多条性命,侥幸未死的人也在成批逃亡。郡政府为了政绩,以军法制裁逃亡人群,诛杀那些领头的人。巴蜀两郡因此动荡不安,人人自危。

汉武帝得到消息,派司马相如到巴蜀斥责唐蒙,安抚民心,讲清楚先前的种种倒行逆施并非皇帝的意思。司马相如顺利完成使命,返回长安交差。

086

司马相如贡献了多少文化语码

语码富矿

汉武帝为何会派司马相如去办这件事？他又为何能把事情办好呢？我们借助《史记·司马相如列传》了解一下武帝时代的第一才子。

司马相如是蜀郡成都人，字长卿。相如并非他的本名。因为仰慕蔺相如的为人，所以他自己取名相如。而蔺相如在赵国做到了最高级别的卿，也就是"长（zhǎng）卿"。司马相如的名和字就是这样关联起来的。

那么，司马相如的原名是什么呢？《史记》有交代，说他小时候就喜欢读书，又学习了击剑的技法，所以父母给他取名为犬子。

我们无法理解为什么孩子文武双全却如此取名，总之父母应该很爱他，所以取了"犬子"这个昵称，意思就是"小狗狗"。从此以后，父母提到自己的儿子，总会谦称为"犬子"。但这个词只能指代自家孩子，若指代别人家的孩子，就是赤裸裸的侮辱了。"犬子"是司马相如留给我们的第一个文化语码。

后来，司马相如"以赀为郎"，也就是像张释之那样家产达标，做了汉景帝的郎官。这是一个零距离接触皇帝的职位，前途无量。但司马相如的特长偏偏是文章词赋，一个汉景帝完全无感的领域。不久，梁王刘武入朝，带着邹阳、枚乘、庄忌等宾客，这让司马相如看到了新生活的前景，于是装病辞官，跑去梁国。梁园宾客当中，从此有了司马相如这个活跃分子。

但好景不长，梁王刘武过世，司马相如就只能回家了。家道已然败落，他也没有谋生的技能，眼看着就被逼到绝路。幸而他有一个好朋友名叫王吉，时任临邛令。临邛，顾名思义，就是临近邛崃山，是蜀郡的一座县城，今天的四川省邛崃市。临邛令王吉邀请司马相如，说"长卿久宦游不遂，而来过我"，意思是多年来你到处求官都不如意，不如来我这里看看吧。"宦游"是司马相如留给我们的第二个文化语码。我们读唐诗，经常能看到"宦游"这个词，比如"独有宦游人，偏惊物候新""与君离别意，同是宦游人"，语源都在司马相如这里。

从成都到临邛，路途不算远。司马相如来到临邛后，王吉特别够朋友，想方设法把他高高捧起，自己甚至甘当陪衬。

别看临邛只是一个远在帝国边陲的县城，但唐蒙说得没错，巴蜀地区非常富裕。

临邛富人多，最突出的一位是卓王孙，产业有多大就不提了，单是奴隶就足有八百人。于是，一个经典的戏剧性场面就要出现了，司马相如还会接二连三为中国传统文化创造经典语码。

琴挑文君

临邛当地的大富豪卓王孙和程郑听说县令有一位贵客，为了巴结县令专程设宴，名义上是款待这位贵客。

等县令王吉赴宴时，卓家请来的客人已到了几百人，但还不能开席，要派人去请司马相如。也不知王吉和他是不是事先商量好了，司马相如推说生病，不肯出门，但只要他不来，王吉就不肯吃饭，终于以县令之尊，亲自登门邀请。如此盛情之下，司马相如"不得已"，只有到场了。当他到场时，《史记》说"一座尽倾"，在场的所有人都被他的风采所倾倒。

事情发展到这一步，算是迎来一个小高潮。接下来，王吉请司马相如炫一手琴技。重点来了：卓王孙有一个女儿叫卓文君，刚刚守寡，喜好音乐，所以司马相如的真实目的，其实是用琴声撩拨卓文君的芳心。而他来到临邛县时，有侍从，有车马，一派雍容闲雅的姿态，看上去是个特别有高级感的美男子。（《史记·司马相如列传》）

司马相如确实一表人才、才高八斗，县令王吉也确实是他的朋友，但这一对朋友精心设计了一个局，为的就是引卓文君上钩。至于司马相如败落的家道，失业且毫无生存技能的窘境，都被小心翼翼地遮掩了起来。卓文君从门缝里偷看司马相如那翩翩浊世佳公子的仪态，感觉他那双撩拨琴弦的手渐渐撩拨着自己的心弦。这一定就是爱情。

这一段才子佳人的戏码，后来不断被人添油加醋，津津乐道，成为所谓"琴挑文君"的名场面。《史记》说"以琴心挑之"，从此"琴心"成为司马相如为后人贡献的第三个文化语码，意思是从琴声当中表达的情思。而司马相如只要多弹琴，少说话，口吃的毛病就不那么显眼了。

文君夜奔

今天听过古琴演奏的人，一定不理解弹琴怎么才能撩动美少妇的芳心，毕竟古琴不是吉他，弹不出热烈而躁动的弗拉门戈舞曲。大概古人也有过这种疑惑，所以《史记索隐》说司马相如当时弹奏的曲目是有歌词的：一首是"凤兮凤兮归故乡，游遨四海求其皇，有一艳女在此堂，室迩人遐毒我肠，何由交接为鸳鸯"，另一首是"凤兮凤兮从皇栖，得托子尾永为妃。交情通体必和谐，中夜相从别有谁"。意思很简单，说自己找遍全世界，终于在这里找到天造地设的另一半，悄悄和她打个商量，今天半夜咱们私奔吧，说定喽！

假如这段记载属实，那么这两段歌词或者说两首诗，就开创了文学史上七言诗的先河。这种句句押韵的七言诗被称为柏梁体[1]，始创于汉武帝，而在司马相如琴挑卓文君时，汉武帝的七言诗还没有出现呢。

无论真伪，总之这两首诗的主题就是赤裸裸的求爱。它们在后世被称为《凤求凰》，这是司马相如为后人贡献的第四个文化语码。

---

[1] 详见后文第143讲。

卓文君爱上司马相如，爱情来得既汹涌澎湃，又合情合理。巴蜀地区虽富饶，但远离政治中心和文化中心。卓家再富有，也只是边远县城里的首富。而司马相如就算家道败落，本人失业，好歹也曾在皇帝身边做过郎官，又做过梁园宾客，和天下第一流的文人名士度过了无数风雅的日子。在身处临邛这个偏远县城的女性看来，司马相如简直就是天外飞仙。

有一处细节：宴会从头到尾，卓文君都没有出场，只是在隐秘的门后偷看司马相如。也就是说，司马相如假如是一个正人君子，正常赴宴，根本不会知道主人家刚刚守寡的女儿偷看过自己。但是，司马相如是有备而来的。宴会结束后，他趁热打铁，派人买通了卓文君的侍女，转达了自己对卓文君的倾慕之情。

干柴就这样遇上烈火，卓文君甚至等不到第二天，当晚就投奔司马相如去了，这就是后来民间戏曲特别津津乐道的"文君夜奔"。接下来，两人在私奔的路上快马兼程，奔向司马相如的成都老家。到家之后，《史记》只有六个字："家居徒四壁立。"意思是，家里空空荡荡，除了四面墙，一无所有。成语"家徒四壁"就是司马相如贡献的第五个文化语码。当时的卓文君到底是什么心情，虽然史料没有做任何交代，但已不难想见了。

临邛那边，卓王孙得知女儿私奔，当即就要和女儿断绝关系，说女儿做出这种事，自己虽不忍心杀她，但不会把家产分给她一分一毫。

文君当垆

成都这边，爱情显然不能当饭吃，做惯了富家女的卓文君，哪里过得来这种家徒四壁的日子。但身边这个花美男，显然也不是那种能够发奋上进、在逆境中撑起一个家的男子汉，该怎么办呢？

现在，司马相如只骗到了人，还没能骗到钱，并且卓王孙已撂下狠话。于是，这一对灵魂伴侣马上就产生了共同语言：钱从哪里来？

司马相如似乎很有骨气，像是要把这种苦日子继续过下去似的，反正君子忧道不忧贫。但卓文君受不了，劝男人说："咱们若一起回到临邛，就算找亲戚借钱也能把日子过下去，哪至于苦成这样？"

司马相如很听劝，果然带着卓文君回到临邛，然后拿出破釜沉舟的气势，把车马卖了，买下一间酒馆。卓文君亲自招待客人，司马相如也不再"雍容闲雅"，而是穿上了犊鼻裈（kūn）——大概是一种短裤，今天已很难说清具体什么样子，但显然是底层劳动人民干活时的穿着。[1]司马相如就这样和酒保、杂役一道干粗活。"文君当垆"是司马相如贡献给后人的第六个文化语码。

当地有一口井，传说文君当垆时就从这里汲水酿酒，所以被称为文君井。陆游曾到过这里，留下一首绝句："落魄西州泥酒杯，酒酣几度上琴台。青鞋自笑无羁束，又向文君井畔来。"（[宋]陆游《文君井》）现在这里叫文君井公园，是邛崃市文君街上的小小名胜。

临邛毕竟只是个偏远的县城，体量不大。依照《华阳国志·蜀志》的记载，战国年间秦国吞并巴蜀，在周赧王四年（前309年）修筑临邛城，"周回六里，高五丈"。当时的"里"并非精确的计量单位，大体上"周制三百步为里"（《孔子家语·王言》），临邛城的周长大约就是一千八百步。小县城讲人情、重面子。司马相如和卓文君如此高调做事，并不是觉得劳动最光荣，而是存心想让卓王孙难堪。否则，以司马相如

---

[1] 廖江波、李强在《汉代裤装考》中考证："汉代明确记载的犊鼻裈，属于短裤类型。山东省沂南阳都故城出土有东汉穿着短裤劳作的农夫形象画像石，一为穿三角合裆短裤，另一穿四角合裆裤。三角短裤无裤管，上宽下狭，两边开孔，形似犊（牛）鼻。四角短裤齐膝，裤管位于膝盖的犊鼻穴附近。……'犊鼻裈'一词出现在汉代，其为底层百姓的下装，是无裤管或是裤管长度仅及膝盖左右的短裤。"

的才华，还有他和临邛县令王吉的交情，在县里谋个文职工作轻而易举。

今天我们推崇"自食其力"的价值观，但当时司马相如小两口自食其力，不但丢自己的脸，更丢卓王孙的脸。

卓王孙气不打一处来：县城就这么大，以后还怎么出门，怎么见人？亲朋好友都来劝："你有一子两女，家里又不差钱。如今卓文君已委身于司马相如，这人虽穷，但一表人才，又是县令的贵宾，你何必苦着这小两口呢？"

卓王孙不得已，分给卓文君奴婢百人、钱百万，还有她上一次出嫁时的衣服被褥等财物。从这个细节可知，嫁妆在当时当地不归婆家，更不归小夫妻共有，而是由女人自己支配。不过在女人寡居之后，这些财产还会回到娘家。否则，卓王孙这样安排，卓文君前夫家就会大有意见了。

小两口拿到巨款，高高兴兴地回到成都，买田置地，过上了富人的生活。司马相如终于可以不愁吃穿地抚琴作乐了。多年之后，司马相如的成都故宅被称为琴台，这是他留给后人的第七个文化语码。杜甫晚年流寓成都，寻访司马相如的生活遗迹，写下过"酒肆人间世，琴台日暮云"的诗句（［唐］杜甫《琴台》)。还有两句更有名的诗："长路关心悲剑阁，片云何意傍琴台。"（［唐］杜甫《野老》）这是杜甫在感叹自己如同孤云漂泊，不知怎么就流落到成都来了。而在临邛，司马相如琴挑卓文君的地方也被称为琴台，但遗址已经无法确指了。

司马相如终于财色兼收，登上了人生巅峰。接下来还要不要在仕途上找机会，对他来说似乎也没那么重要了。但一段时间之后，机会突然找上了门。

皇帝的诏书意外降临，召司马相如火速进京。

087

《喻巴蜀檄》有什么划时代意义

狗监举荐

当时长安城里有一位蜀郡人叫杨得意，担任狗监，负责为皇家养狗。某一天汉武帝读到一篇漂亮的文章《子虚赋》，越看越爱，自言自语道："我真恨不得跟这篇文章的作者生活在同一个时代。"

显然汉武帝以为文章出自古人手笔。但杨得意搭话说："我听同乡司马相如说过，这是他写的。"武帝大吃一惊，赶紧召见司马相如。司马相如的人生，又将掀起波澜。

杨得意推荐司马相如，这是司马相如留下的第八个文化语码。王勃在《滕王阁序》里的"杨意不逢，抚凌云而自惜"，用的就是这个典故，只因为骈文的字数限制，不得不把"杨得意"缩写成了"杨意"。杨得意的职位狗监不但级别低，听上去还特别有侮辱性。

所以，后来的文人常爱说：就连杨得意一介狗监都能慧眼识英雄，给皇帝推荐出司马相如这样的文章国手，怎么就没一个人推荐一下自己呢？

因为狗监杨得意的一句话，司马相如辞家入长安。不过，司马相如之所以入长安，也有可能和庄助他们一样，是积极主动响应汉武帝的求贤政策。但《史记·司马相如列传》的说法，细节更丰富，也更广为人知。

施展才华

在汉武帝面前，司马相如坦言自己正是《子虚赋》的作者，但它所描写的不过是诸侯级别的事，不足观，他希望自己能为武帝专门写一篇描写天子游猎的大赋。

得到武帝的首肯后，司马相如全力施展自己的文学才华，极尽铺张之能事，假托子虚、乌有、无是公三人的对话，描写了诸侯和天子盛大的游猎场面。这三人的名字，也就是无名氏甲、乙、丙。司马迁嫌这篇大赋言过其实，立意不正，删掉一些后才收录进《史记》。它的题目到底是什么，今天已很难确定。昭明太子在编《文选》时把它一分为二，前半段叫《子虚赋》，后半段叫《上林赋》，就是我们今天熟悉的版本。至于被武帝激赏的那篇《子虚赋》，很可能已经失传，相关考证很多，结论莫衷一是。无论如何，司马相如给后人留下了第九个文化语码：子虚乌有。

汉武帝高度欣赏司马相如的文学才华，留他在身边做了郎官，一做就是好几年。而这几年间，卓文君究竟是怎样一种生活状况，是跟着丈夫来到长安，还是留在成都逐渐适应两地分居的日子，夫妻之间的事情，史料并没有关注。

平息民怨

按照《史记·司马相如列传》的说法，司马相如做官不太有上进心。他家大业大，不缺这点朝廷俸禄，对他而言，写写不痛不痒的文章，卖弄一下文学才华，哄皇帝开心难道不好吗？司马相如不想找事，但事情忽然找上了他——武帝派他出使巴蜀，平息民怨。

到这里就接上了《资治通鉴》的时间线：夜郎国和周边地区已在名义上变成汉帝国的犍为郡。唐蒙领旨到蜀郡主持基建工作，要开辟一条通往夜郎的官道，然后才能以夜郎为前哨，派大军泛牂柯江而下，一举拿下南越国。如果事情办成，唐蒙立下的就是不世之功，高官显爵自然不在话下，所以他的工作热情特别高涨，神挡杀神，佛挡杀佛，如果有小小的老百姓挡路，当然就要杀老百姓。

山区修路谈何容易，否则夜郎和南越早在刘邦时代就被收归汉帝国版图了。唐蒙征发当地人力，规模达到几万之众。工程难度太高，工作环境太危险，所以大批劳工死去，还有大量劳工纷纷逃亡，唐蒙以"军兴法"管理劳工。所谓军兴法，适用于以军事目的征调百姓之事。（孙闻博《秦汉"军兴"、〈兴律〉考辨》）唐蒙的做法意味着，这次的修路工程不属于普通徭役，而是军事项目，违令者要依军法处置。

军法一来，人头滚滚，领头逃亡的全被唐蒙杀了，巴蜀百姓惊恐不已。照此发展下去，恐怕会爆发民变。汉武帝听说此事，才派司马相如出使巴蜀，平息民怨。

对汉武帝而言，司马相如是成都土著，还是当地名人，熟悉当地的情况，人脉也广；对司马相如而言，这次以皇帝信使的身份还乡颇为风光；对巴蜀父老而言，唐蒙是外来者，司马相如好歹是老乡，他的家在成都，岳父家在临邛，家族利益和本乡本土高度绑定，总不至于做出危害巴蜀利益的事情。

《喻巴蜀檄》

关于司马相如这次出使，《资治通鉴》的记载极其简略，只说他完成任务，回长安交差。但司马相如为了传达汉武帝的执政精神，宣喻巴蜀百姓，写了一篇很精彩的文章。后人给文章拟定标题，叫作《喻巴蜀檄》或《喻巴蜀父老檄》。这种宣传稿很容易被写成陈词滥调，但司马相如作为文章国手写出了千古典范，很值得领略一番。

文章首先对巴郡、蜀郡的太守发话，说这些年四面八方的蛮夷争先恐后向大汉皇帝献殷勤，渴望归附过来当奴隶，只恨山川阻隔来不了，朝廷这才派遣唐蒙迎接他们，为此征发巴蜀士民各五百人，只是做点运送礼品和沿途保安的工作，完全没有打仗的意图。听说唐蒙擅自使用军法，郡政府又擅自转运物资，搞得兴师动众、人心惶惶，这并非皇帝的意思。不过，应征者中有人逃亡抗命，也不是臣民该有的节操。

文章第一段先把皇帝的责任撇清了。皇帝是圣明天子，所以才会有四夷宾服的盛况。为迎接宾服的四夷，才有唐蒙主持的那些工作。只不过他自作主张，把一些本该轻松裕如之事办成了劳民伤财的死亡工程。这是唐蒙的错，但巴蜀百姓也不该抗命逃亡。

这话很难让百姓心服,所以司马相如赶紧拿北方边郡的百姓做榜样,说他们"计深虑远,急国家之难,而乐尽人臣之道也"。意思是,他们有远见,对国家危难能够感同身受,所以乐于履行臣民的义务。这句话的重要性在于,它明确提出了接近现代意义的国家概念,传递出一种"国家兴亡,匹夫有责"的价值观。它让平民百姓认识到自己不是皇帝的私有财产和人力资源,而是国家的一员,有责任、有义务为国家的发展和皇帝共同使力。

这种价值观在当时而言太前卫了。春秋时代只有贵族才是国家的一员,舍生忘死为国打仗,既是贵族的义务,也是贵族的荣誉。平民百姓只配给贵族老爷打打下手,搞搞后勤。进入战国时代,战争规模扩大,贵族不够用了,平民百姓纷纷踏上战场,但统治者无非是通过威逼利诱达到这个目的——最典型的就是商鞅变法之后,老百姓可以拿人头换爵位。没有战功,日子就注定过得低人一等,被有战功的邻居当奴仆使。在当时的主流观念里,平民百姓属于"小人"。"君子喻于义,小人喻于利",责任和义务只能约束君子,对小人管用的只有利益驱动。

理解了这些背景,就能看出司马相如这篇文章划时代的意义——当中央集权几乎打掉了整个贵族阶层之后，政治宣传上终于开始"小人喻于义"了——培养平民百姓对国家的责任意识，让他们可以自觉自愿地为国纳税，为国服役，甚至为国捐躯。

当然，利诱还是不能少。文章的下一段交代了北方边郡那些奋勇报国的人是怎么名利双收的，还把那些勇于为国捐躯的人标榜为"贤人君子"，然后再次批评巴蜀那些抗命逃亡的人。接着话锋一转，又说这也不怪他们，要怪就怪他们的父兄没有尽到教育的责任，没有为子弟做好表率，这才导致民风寡廉鲜耻。所以，那些被唐蒙诛杀的人一点都不冤。成语"寡廉鲜耻"就是这么来的，这是司马相如留给后人的第十个文化语码。

088

司马相如是怎么让西南夷诸部归附的

《喻巴蜀檄》所讲的道理是对是错,后人各有看法。最值得一提的是苏轼。他也是蜀人,和司马相如算半个老乡,但提起司马相如,从来没有一句好话。论及《喻巴蜀檄》,苏轼说这纯属马屁文章,而文章立意差,完全是因为作者人品差。([宋]苏轼《苏轼文集·卷六十五·司马相如之谄死而不已》)苏轼还有一首诗,全方位抨击司马相如:

相如偶一官,嗫嚅蜀父老。
不记犊鼻时,涤器混佣保。
著书曾几何,渴肺灰土燥。
琴台有遗魄,笑我归不早。
作书遗故人,皎皎我怀抱。
余生幸无愧,可与君平道。

——《和陶杂诗十一首·其四》

大意是说，司马相如可算又做官了，一副小人得志的嘴脸，竟然好意思写文章嗤笑家乡父老，这厮难道不记得当初穿着犊鼻裈当街卖酒时的狼狈样子了？蜀地竟然出过司马相如这种小人，我苏轼深以为耻。说起家乡先贤，严君平才是值得追随的前辈。

不知当初司马相如写下《喻巴蜀檄》时，家乡父老是如何理解这篇文章的，有没有像苏轼一样嗤之以鼻。总之，司马相如回京复命。至于唐蒙，被敲打一番之后，他继续搞他的基建工程，并没有因为一篇《喻巴蜀檄》就停工。

衣锦还乡

原文：

是时，邛、筰之君长闻南夷与汉通，得赏赐多，多欲愿为内臣妾，请吏比南夷。天子问相如，相如曰："邛、筰、冉駹者近蜀，道亦易通。秦时尝通，为郡县，至汉兴而罢。今诚复通，为置郡县，愈于南夷。"天子以为然，乃拜相如为中郎将，建节往使，及副使王然于等乘传，因巴、蜀吏币物以赂西夷；邛、筰、冉駹、斯榆之君皆请为内臣。

这时，西夷当中的邛、筰两大部族的头领们听说南夷归附了汉帝国，得到很多赏赐，表示也想归附。武帝征询司马相如的意见。作为土生土长的成都人，司马相如说，除了邛、筰之外，还有一个部族名叫冉駹（máng），三者离蜀郡都不远，道路也比较平坦。秦帝国曾在当地设置郡县，现在若能把这些地方纳入版图，胜过得到南夷。

武帝动了心，任命司马相如为中郎将，派其持节出使，可就近动用巴蜀两郡的财富，赏赐那些愿意归附的西夷部族。这是司马相如人生当中最为高光的时刻，高车驷马，衣锦还乡。《史记》交代了这些虽无关资治，却为市井百姓津津乐道的细节，说司马相如的使节团浩浩荡荡到了蜀郡，郡太守带着下属所有官员到郊外迎接，县令大人亲自背着弩和箭在队伍前方引导，蜀地人民引以为荣。

第三辑里讲过，天子车驾之前有人导引传呼，让行人止步，让坐着的人赶紧站起来。如果有人不听劝怎么办？有四名专人手持角弓，谁不听劝就射谁，还要射那些爬到高处窥望仪仗的人。到了魏晋时代，角弓换成角弩，但只是个摆设，已不会射杀百姓了。[1] 高官出行也有类似的阵仗，规矩是由亭长背着弩和箭在队

---

[1] 详见《资治通鉴熊逸版》（第三辑）第227讲。

伍前方引导。但司马相如来头太大，蜀郡专门为他提升了接待规格，由县令代替亭长充当前导。这还不算最高规格，后来霍去病出击匈奴凯旋，河东太守亲自充当前导。

司马相如的待遇，虽不及后来的霍去病，但在当时的蜀郡已算是前无古人。如此一来，临邛县也被震动，卓王孙和县里有头有脸的人物都来登门送礼攀交情。卓王孙喟然长叹，后悔没把女儿早点嫁给司马相如。幸好还有补救的机会，他又分给卓文君大笔的家产，并不比给儿子的少。

题桥

《华阳国志》记载，战国年间李冰入蜀兴修水利，修建有七座桥梁。故老相传，这七座桥梁上应北斗七星。其中有一座升仙桥在成都北门外十里，桥边有送客观。司马相如辞家入长安时，出升仙桥，在送客观的门上题字："不乘赤车驷马，不过汝下也。"意思是这次去长安，一定要出人头地，如果做不到部长级别的高官，就不回来了。"赤车驷马"在流传过程中变成了我们熟悉的"高车驷马"，司马相如在送客观的门上题字也变成了在升仙桥的桥柱上题字，这是他为后人贡献的第十一个文化语码。历朝历代诗词文章里的"题桥""题柱""驷马桥"等，都是从这个典故来的。宋人郑思肖还见过一幅画，画的就是司马相如在升仙桥的桥柱上题字。郑思肖感慨之下，写诗一首："初上升仙何慷慨，重来衣锦颇从容。男儿意气当如此，透过禹门方是龙。"（[宋]郑思肖《司马相如题柱图》）

不过到了民间戏剧里，"题桥"的桥段被放在了司马相如和卓文君成婚之后：要么是小夫妻在升仙桥畔依依惜别，司马相如题桥立誓；要么是司马相如留恋温柔乡，又担心卓文君的病情，结果被仆人激励，题桥立誓，直入长安。

民间戏文丰富多彩，而在正史当中，离家已久的司马相如终于"重来衣锦颇从容"。这次奉旨入蜀，他的职位是中郎将，和唐蒙平级，这是比二千石的级别，大约相当于副部长。但他同时还有钦差大臣、使团团长的身份，地位尊崇，所以他和副官们乘坐的是"四乘之传"——一辆车配四匹马，就是高车驷马。这里的"传"指的是由官方驿站提供的公务马车。

驿站的备车和备马有着严格的使用规范。普通马车只有一匹或两匹马，比四乘传更高级别的也有，但极少。比如文帝还是代王时，由代国出发入长安即位，乘坐的是六乘传，就是六匹马拉的车。周亚夫平定

"七国之乱"时，也是乘坐六乘传会兵荥阳。据《汉官仪》记载，郡太守的规范用车是由四匹马拉的，但在出巡时会增加一匹马，变成五马拉车。乐府诗歌《陌上桑》有"使君从南来，五马立踟蹰"，使君大人停下车和美女罗敷调情，停车的动作就是"五马立踟蹰"。

西南夷归附

原文：

除边关；关益斥，西至沫、若水，南至牂柯为徼，通零关道，桥孙水以通邛都，为置一都尉、十余县，属蜀。天子大说。

司马相如在蜀郡出尽风头，当地百姓都以家乡出了一位大人物为傲，也许没留意他大把拿走家乡的财富，以皇帝之名赏赐西南夷诸部，换来他们纷纷归附。于是汉帝国的西南边境向西拓展到沫水、若水一带，向南拓展到牂柯江畔，又开通了零关道，在孙水筑桥连通邛都。汉政府在当地设置了一名都尉，将新近归入的土地划分为十几个县，隶属蜀郡。

事情办得漂亮，武帝非常开心。而蜀郡百姓到底开不开心，是否与有荣焉，就不清楚了。宋人徐钧有一首诗："卖赋名成卖酒余，归来驷马拥高车。锦衣只欲湔（jiān）前耻，不道开边困里闾。"（[宋]徐钧《司马相如》）大意是，司马相如当年软饭硬吃，心里憋着一股火。如今他衣锦还乡，目的仅仅在于洗雪前耻，扬眉吐气，并不在乎为着自己的一点私心，家乡百姓要遭天大的罪。

不知司马相如提议西南夷诸部可并入郡县时，对此事的难度和成本是否心里有数。乍看上去，司马相如未费一兵一卒，就为朝廷开了疆拓了土。作为汉帝国西部新边界的沫水，就是今天流经四川省西部的大渡河，而若水则是今天流经四川省甘孜藏族自治州、凉山彝族自治州和攀枝花市的雅砻江。二十世纪初，四川乐山一个名叫郭开贞的文学青年留学日本，想到家乡的沫水和若水，就把自己的名字改成了郭沫若。司马相如在孙水筑桥，孙水就是若水下游的一条支流。新开通的零关道，从今天的四川省汉源县北到西昌市东南，连接了成都平原和南中地区。它之所以叫零关道，是因为新设置了一座关隘叫零关，扼守交通要冲。

依照《资治通鉴》的这段记载，汉帝国以利诱手段顺利吞并西南夷诸部，花了一点钱，换来大片国土。看来司马相如毕竟是成都本地人，对西南夷的情况知根知底，一份大功劳简直手到擒来。再看看唐蒙，费尽千辛万苦，险些激起民变。

《资治通鉴》这段内容可以追溯到《史记·司马相如列传》，而司马迁写《史记》有一个特点：就是在司马相如的传记里尽可能把他往好处写，而在《西南夷列传》中则说，当时巴郡、蜀郡，还有旁边的汉中郡、广汉郡，都被唐蒙和司马相如折腾惨了——道路多年修不通，人不知死了多少，西南夷又多次反叛，汉政府发兵平叛，徒然耗费人力物力，却毫无成效。

089
《难蜀父老》如何理解汉朝和蛮夷政权的关系

让西南夷归顺并不容易，计划受阻，前景黯淡，反对的声浪注定高涨。不但蜀地父老意见大，说开通西南夷纯属得不偿失，就连朝中大臣们也持同样的意见。那么，司马相如顶着巨大的压力，如何渡过难关呢？对他而言，最擅长的就是写漂亮文章，于是一篇流传千古的《难蜀父老》就这样新鲜出炉了。题目照例是后人取的，意思可以理解为"质问蜀郡父老"。

中国概念

文章第一段先定基调，说汉帝国建国已经七十八年，经历了六代皇帝，道德的光芒普照天下，所以才会有四夷宾服、争相归附的盛况。

然后笔锋一转，说如此盛况之下，偏偏出现了不和谐的声音。蜀地的父老、士绅一共二十七人造访朝廷使者，郑重说道："我们听说天子对待夷狄的正确方式是粗线条地施加影响，不让夷狄脱离自己的影响力范围就可以。可如今，劳动三郡百姓修建通往夜郎的道路，三年过去了，工程还未结束，老百姓实在吃不消。忽然又要连通西夷，这不是强人所难吗？早已精疲力竭的百姓恐怕难以完成这项工程，定会连累使者无法交差，我们私下都替您捏一把汗。西夷那些部落历来都和中国并存，井水不犯河水。而中国从未成功吞并过他们，肯定是因为做不到。如今朝廷折腾自己的子民去连通夷狄，搜刮子民的财物去让夷狄开心，对我们能有什么好处呢？"

这里提到的"中国"并不是一个政权概念，而是一个文化概念，相当于"文明世界"或"人类世界"。和它相对的不是"外国"，而是"夷狄"，相当于"野蛮世界"。只不过在具体的疆域上，蜀郡代表口中的"中国"等同于汉帝国。

这二十七名蜀郡代表的意见，应该就是当时最真实也最主流的声音。而且，连通西南夷的工程到底是什么情况，这段内容显然是可信度最高的材料。在下一段，司马相如就借使者的话做出有力反驳，说假如你们说得对，那么你们这些人现在都还是夷狄。

在战国年间，巴和蜀的确都是独立的夷狄政权，后来秦国派司马错伐蜀，又是兴建成都城，又是开凿都江堰，巴蜀这才逐步"中国化"。到了汉武帝时代，巴郡、蜀郡都是中央政府的直辖郡县。蜀郡代表们说西南夷是夷狄，这可真是忘了本。

遐迩一体

但是汉帝国接管巴蜀没费太大力气，吃苦费力的都是秦国。现在要想把西南夷纳入郡县，确实劳民伤财还看不到收益，这个问题该怎么解决呢？

使者说出了一句名言："世必有非常之人，然后有非常之事；有非常之事，然后有非常之功。"也就是说，这种高瞻远瞩型的伟大事业，凡夫俗子看不懂，只有等事情做成了，利益浮现了，大家才会恍然大悟。使者拿大禹治水举例，说大禹当年主持水利工程，何尝不是劳民伤财，但我们现在都知道，禹圣人功在当代，利在千秋。司马相如的意思是：把西南夷划归汉帝国的疆域，眼下看来有百害而无一利。你们老百姓鼠目寸光，只会看自己脚下的一亩三分地，而皇帝纵观全局，高瞻远瞩，要成就大禹治水那样的功业，你们这些愚民的子子孙孙将来都会感念皇帝的这份恩德。

使者继续从政治哲学的高度来讲，"普天之下，莫非王土；率土之滨，莫非王臣"，所以六合之内、八方之外，天地间只要有任何一个生命还不曾充分感受到天子的恩泽，天子都会感到羞耻。在夷狄的世界里，有很多受侮辱、受损害的人听说了中国的仁义，期盼着中国的力量来解救自己。所以皇帝才会向北出兵讨伐匈奴，向南派遣使者斥责闽越，解民于倒悬，救民于水火。这就是天子的担当，是行仁政的当务之急，就算因此让老百姓吃点苦、受点累，难道就要停下正义的脚步吗？

文章又提到皇帝将要到泰山封禅，完成伟大的壮举，这怎么是格局小的人能看懂的呢？使者的话讲完了，那二十七名蜀郡代表茫然若失，最后一致表态："老百姓就算再苦再累，也要再接再厉。我们这些人愿意身先士卒，为蜀郡百姓做出表率！"

文章就这样以蜀郡代表的理屈词穷、转变立场而告终，但司马相如的立意到底应该怎么理解，后人有很多看法。有人说他为武帝的好大喜功文过饰非；有人说在西夷设置郡县就是他提出的，进行到一半发现不对，但也不好打自己的脸。所以文章的重点其实并非使者的发言，而是蜀郡代表的发言，希望能够点醒皇帝，让他知难而退；有人说司马相如才没那么好心，只是给自己文过饰非；还有人说从文章字面上理解就

好，司马相如就是要驳斥反对派的言论，坚定汉武帝开发大西南的信心。（王德华、宋雪玲《司马相如〈难蜀父老〉新论》）

到底怎么理解，大可见仁见智，不过以千年为尺度来看这篇文章，就会发现《难蜀父老》真正的重点在于，借使者之口讲出了一套"遐迩一体"的政治哲学：自己的文化是最先进的，以先进消灭落后是圣明天子不可推卸的责任。至于消灭落后的方式，可以用道德感召的就去感召，无法感召的就用武力征服。而这种武力征服具备道德上的正当性，因为征服的目的不是抢人口、抢地盘、抢财富，而是除掉蛮夷世界的邪恶君主，把受苦受难的蛮夷百姓解救出来，让他们融入先进文化的大家庭，这样就会实现所谓"遐迩一体"的大同世界——天下任何一个角落都和世界中心共同尊奉一位天子，共享一套政治制度和价值观。

羁縻勿绝

蜀郡二十七名代表虽然也认为华夷有别，华夏高于蛮夷，但对国际关系的最高追求止步于"羁縻勿绝"。"羁"的本义是马络头，"縻"的本义是牛的缰绳。如果把蛮夷诸部想象成牛和马，那么"羁縻勿绝"

就相当于用绳子松垮垮地控制着这些牛马，只要绳子不断就可以了，并不指望牛耕田、马拉车。

虽然司马相如严厉批判了这种貌似保守的政治哲学，但"羁縻勿绝"的观念传之久远，中原王朝对待少数民族政权往往采取这种策略，因为打不过。杜甫在诗歌《留花门》里这样说过："北方天骄子，饱肉气勇决。高秋马肥健，挟矢射汉月。自古以为患，诗人厌薄伐。修德使其来，羁縻固不绝。"这里的羁縻对象是回纥。如果唐帝国真能坚持"修德使其来，羁縻固不绝"，彼此相安无事，有何不可？结果唐帝国请回纥人出兵帮自己平乱，导致"胡为倾国至，出入暗金阙"。回纥骑兵蜂拥而来，说是帮忙却比叛军造成的祸害还大。所以"羁縻勿绝"就好，和蛮夷政权一定要保持适度的距离感。

就这两种价值观而言，"遐迩一体"代表了理想主义，认为"羁縻勿绝"的策略只是实力不足时的不得已；而"羁縻勿绝"代表了现实主义，认为实现"遐迩一体"成本太高，纯属挟泰山以超北海，非不为也，实不能也。

《难蜀父老》到底有没有说服反对派，"遐迩一体"到底有没有战胜"羁縻勿绝"，史料并没有交代，西南夷问题就这样暂时告一段落。但这两种论调的争论还会绵延不休,成为这一历史阶段的主旋律。这也是我们理解武帝一朝及后来西汉政治的一个重要抓手,甚至是理解此后直到清朝外交理念的一个重要抓手。

090
汉武帝是怎么处理陈皇后巫术案的

原文：

诏发卒万人治雁门阻险。

秋，七月，大风拔木。

这一年武帝下诏征调士卒万人，修筑雁门要塞，原因不难理解：雁门郡是北方边郡，直接承受着来自匈奴的军事压力。而在马邑之役以后，匈奴彻底失去了对汉帝国的信任，战争而非和亲变成了汉匈关系的主旋律。

秋七月，狂风大作，树木被连根拔起。

陈皇后败露

原文：

女巫楚服等教陈皇后祠祭厌胜，挟妇人媚道。事觉，上使御史张汤穷治之。

下半年真正的大事发生在宫闱之内：陈皇后为了挽回武帝的心，不惜用尽千般手段，其中就包括巫蛊，简单说就是南方的巫术——一伙女巫教陈皇后怎样施行巫术，一方面弄死竞争对手，一方面迷住自己的男人——没想到事情败露了。

今天看这种事情，只会觉得陈皇后既可悲又可怜。但在古代男权社会，女人最重要的品德就是不妒忌，就是容忍丈夫的花心，甚至主动替丈夫纳妾。这背后的底层逻辑依然是"物不能两大"：男人必须处于主导地位，女人必须处于从属地位。女人就应当做好本分，怎么可以冒天下之大不韪去希求男人的专宠呢？再者"不孝有三，无后为大"，妻子一旦生不出儿子，就有义务让丈夫多接触其他女人，让其为丈夫生下合法继承人，否则就是存心陷丈夫于不孝。

由此我们就能理解，在当时的主流观念看来，陈皇后的所作所为有多么恶劣，而汉武帝的愤怒有多么光明正大、合情合理。

指派张汤

那么，汉武帝到底是怎么对待结发妻子的呢？重点有两个：

第一，让张汤来办这个巫术案。

第二，一查到底，能牵连多广就牵连多广，能挖多深就挖多深。

汉武帝为什么下手这么狠呢？有一个重要的原因是：他真的非常相信巫术的力量。一旦对巫术怀有真诚的信念，那么他在看待陈皇后的所作所为时，就不会觉得那只是一个小女子的徒劳努力，而会认为她在排兵布阵，买凶杀人。

汉朝有一部《贼律》，规定给人下蛊是死罪，直接行凶的人和教唆者都要被当众处决。[1] 但我们并不知这部法律在陈皇后搞巫蛊时有没有正式颁布。如果向前追溯，汉文帝对巫术颇为不以为然，专门下过诏书废除秘祝之官。[2] 还有像老百姓诅咒君主之事，以前都按大逆罪处置。汉文帝下诏说，那只是百姓无知，不必跟他们较真，以后再有这种事，有关部门就不要管了。（《史记·孝文本纪》）

这样看来，汉文帝把信仰巫术划入了无知的范畴。如果文帝时的相关法律沿袭不变，那么到了汉武帝时，陈皇后巫术案就只是一场无法可依的夫妻矛盾而已。

---

[1] 《周礼·庶氏》郑玄注引《贼律》："敢蛊人及教令者弃市。"

[2] 详见前文第010讲。

不过，到底哪些手段算巫术，哪些不算，其实很难界定。即便是汉文帝，一度也被新垣平骗得很惨。窦太后当初看王臧、赵绾大搞儒家礼仪，就说他们想做第二个新垣平。

总之，汉武帝早已被陈皇后搞得不胜其烦，又有了新宠卫子夫。就算这时他对巫术还没有那么深的执念，也会有强烈的动机借此事大做文章，彻底断绝夫妻关系。所以，他才会把案子指派给张汤办理。

对君主而言，不同的手下有不同的办事风格。同样公事公办，宽厚的人能办成宽厚的结果，冷酷的人能办成冷酷的结果。这就意味着，公事公办可以做给所有人看，谁都挑不出毛病，但选择由谁来办才是君主私心的体现。汉武帝把案子交给张汤，在明眼人看来，陈皇后就注定万劫不复了。

张汤其人

这是张汤在《资治通鉴》中第一次出场，将来还会有他的很多戏份。在武帝时的酷吏当中，张汤是最突出的一个。我们借助《史记》简单了解一下他的出身。张汤的父亲做过长安县丞，张汤从小耳濡目染，对法律系统的全套知识都很在行。父亲过世之后，张汤做长安低级官吏做了很久。周阳侯田胜位列九卿时，曾经犯事入狱，张汤对他特别关照。那么问题来了：那时的张汤大约就是一名最基层的狱卒，为什么要特别关照一个囚犯呢？

我们已经知道：对于汉朝官员来说，无论是犯罪、罢官，都不代表政治生涯的终结，只要朝廷有需要，想到了这个人，他随时都可以被重新起用。韩安国坐牢时被狱卒田某虐待，因此留下了"死灰复燃"的典故。田某没见识，不知"死灰复燃"是汉朝官场的常态，甚至称得上司空见惯，但张汤不一样，他不但有见识，也有一身没机会施展的本领，而且通过常规渠道多年得不到升迁的机会。所以，田胜的入狱简直就是张汤的天赐良机。要知道，田胜不但级别高，而且是田蚡的亲弟弟。

果然，田胜出狱之后，重重回报了张汤，把他带进了上流社会的社交圈。后来张汤做过宁成的下属，又被宁成推荐。田蚡就任丞相之后，不但又给张汤升官，还经常向汉武帝推荐他。在查办陈皇后巫术案时，张汤已经官拜御史。（《史记·酷吏列传》）

张汤办案

虽说清官难断家务事，但在酷吏面前，这个道理从来都不成立。

办皇后的案子，注定要得罪大批皇亲国戚，一般人都会畏首畏尾，但酷吏眼里只认皇帝。那么问题来了：如果案子办狠了，皇帝后来后悔了，要拿办案人泄愤，酷吏难道连这种顾虑也没有吗？

他们也许或多或少有这种顾虑，不过在理性的计算之后，他们觉得这种风险绝对值得一冒——因为只要不死，丢官也好，坐牢也罢，但凡自己的办事能力给皇帝留下了深刻印象，就迟早会有东山再起的一天。

原文：

汤深竟党与，相连及诛者三百余人，楚服枭首于市。乙巳，赐皇后册，收其玺绶，罢退，居长门宫。窦太主惭惧，稽颡谢上。上曰："皇后所为不轨于大义，不得不废。主当信道以自慰，勿受妄言以生嫌惧。后虽废，供奉如法，长门无异上宫也。"

果然，张汤施展雷霆手段，把案情彻查到底，牵连出来三百多人，通通处斩。为首的女巫楚服在市场枭首示众。"枭"是猫头鹰，顾名思义，"枭首"就是猫头鹰的头。古代传说，猫头鹰妈妈给幼鸟喂食非常辛苦，最后筋疲力尽，幼鸟就争相啄食妈妈身上的肉。猫头鹰妈妈飞不动了，只能悲哀地咬住身边的树枝。最后，它全身上下都被幼鸟吃光，只剩下一颗头颅高悬在树枝上，这就是"枭首"。

人类社会的枭首就是把犯人的头颅砍下来，高悬在木杆之上，以起到警示作用。

在法律上，女巫楚服属于"行者"，也就是实施犯罪的人。陈皇后属于"教令者"，是主谋。那么"行者"被枭首，"教令者"按说也逃不脱。但陈皇后毕竟贵为皇后，不至于遭受皮肉之苦，只是被撤销皇后头衔，软禁在长门宫里。

长门宫在长安城东，原本叫长门园，是陈皇后的母亲刘嫖送给汉武帝的一处离宫别馆。

事情闹得太大，刘嫖不得不放下架子，向武帝哀求。武帝安慰这位姑妈兼岳母大人，说陈皇后的所作所为违背大义，所以皇后头衔必须要废。但就算废了，陈皇后的吃穿用度一切照旧，不过是换个地方居住而已。

汉武帝对陈皇后的处置，算是开了历史先河，从此"长门"成了一个文化语码。李白有一首乐府诗

《妾薄命》，讲的就是陈皇后从金屋藏娇到被废长门的故事：

汉帝重阿娇，贮之黄金屋。

咳唾落九天，随风生珠玉。

宠极爱还歇，妒深情却疏。

长门一步地，不肯暂回车。

雨落不上天，水覆难再收。

君情与妾意，各自东西流。

昔日芙蓉花，今成断根草。

以色事他人，能得几时好。

——《李太白全集编年笺注·卷五·妾薄命》

虽然金屋藏娇的故事不太可信，但诗人却不管那么多。这首诗很出名，结论却是错的。陈皇后嫁给汉武帝并不是凭借色相，而是因为她的母亲刘嫖要和武帝的母亲王夫人结成政治同盟。而当武帝真的在刘嫖的运作下当上太子，又当上皇帝之时，她们母女自然就失去了政治价值。在此局面下，刘嫖继续以功臣自居，陈皇后继续耍公主脾气，注定迟早是悲剧下场。反而是被陈皇后恨之入骨的卫子夫，将来才不幸配得上"以色事他人，能得几时好"这两句诗。

091
董偃是怎么得宠又失宠的

陈皇后被废,迁到长安城外的长门宫居住。在今天看来,这就相当于两口子离婚,男方分给女方一套房子,还照常给她生活费。不过对陈皇后而言,房子也好,钱财也罢,都不重要,她想要的只有夫妻恩爱的专宠和母仪天下的风光。

那么,陈皇后还有没有破镜重圆的转机呢?《资治通鉴》没做交代。接下来,《资治通鉴》以一个"初"字发端,回顾了刘嫖的一段感情生活。

董君出道

原文:

初,上尝置酒窦太主家,主见所幸卖珠儿董偃,上赐之衣冠,尊而不名,称为"主人翁",使之侍饮。由是董君

> 贵宠，天下莫不闻。常从游戏北宫，驰逐平乐观，鸡、鞠之会，角狗、马之足，上大欢乐之。上为窦太主置酒宣室，使谒者引内董君。

这种以"初"字发端的追述，我们已不陌生，但这段内容似乎与前后并不相关，实在让人看不懂司马光为何要加。这也许是他的疏忽，也许是流传过程中漏掉了关键的内容。但追溯《资治通鉴》的史料来源，就不难知道，这段内容取自《汉书·东方朔传》，是在解释长门宫的来历，这正是它和上下文的并联。

汉武帝的姑妈兼岳母刘嫖，原本嫁的是陈婴的后人堂邑侯陈午。陈午死得早，寡居的刘嫖在五十多岁时忽然被一个叫董偃的美少年激活了人生的第二春。那时的董偃只是一个年仅十三岁的小贩，和母亲一道贩卖珠宝，因此才有机会到刘嫖的府上走动。董偃长得太乖了，以至于刘嫖府上的人总是在她面前夸赞。刘嫖亲自召见之下，一见倾心，对十三岁的董偃说："我来当你的妈妈吧。"

就这样，刘嫖成了董偃真正意义上的妈妈粉，从此把他留在家里，以贵族精英的标准来培养他，一直养到十八岁，为他举行冠礼。

冠礼是周代贵族的成人礼，士人阶层到了二十岁才有资格在头上戴冠。董偃不知该算什么阶层，当然礼崩乐坏之后，古礼都可以通融。从此，董偃作为成年男子，外出时为刘嫖驾车，回家时就在刘嫖的卧室里侍奉。董偃的性格特别好，《汉书》说他"温柔爱人"。这样一位绝世花美男，背后又有刘嫖撑腰，长安城里的上流社会谁能不给他面子呢？于是，十八岁的董偃名动京城，人称董君。

按说董偃以出身论，不过是个小贩，以年龄论，不过刚刚成年，无论如何也不该得到"董君"这样的尊称。但那又如何呢？形势比人强，人人都知道刘嫖的尊贵，都知道董偃是她的掌上花、心头肉。

刘嫖真心为董偃好，要他广撒钱财结交士人。她还特意叮嘱管家，说董君花钱，只要一天之内黄金没有用掉一百斤，钱没有用掉一百万，上好的丝绸没有用掉一千匹，就不必向她汇报。不难想见，以董偃的一表人才、良好的贵族教养，再加上漫天撒钱的社交风格，想不红都难。

袁叔谋划

许多人和董偃交往也许只是看刘嫖的面子，看钱的面子，但董偃似乎也有真朋友，袁叔就是一个。袁叔是袁盎的侄儿，站在董偃的立场认真地提醒他："你也不好好想想刘嫖是什么身份，你们这种不明不白的关系处下去，你就不怕哪一天大祸临头吗？"董偃当然怕，说自己一直提心吊胆，只恨想不出对策。

袁叔真替董偃想出一个对策，说顾成庙距离长安城有点远，旁边也没有行宫，皇帝过去不方便，董偃可以请求刘嫖，让她把自家的长门园送给皇帝当行宫。皇帝早就看上了长门园，当他收到大礼，知道主意是董偃出的，念了他的好，董偃就可以高枕无忧了。否则哪天皇帝亲自来要长门园，董偃就没这个机会了。

袁叔提到的顾成庙，前文讲过，就是汉文帝的宗庙。原先宗庙一概建在城里，文帝有了创新，将宗庙建在了城外。[1]这样一来，汉武帝若是要去顾成庙祭祀，住宿就成了一个不大不小的问题。袁叔看准了汉武帝的痛点和心思，所以才有了这番提点。

董偃把袁叔的主意转告刘嫖，刘嫖心疼的只是董偃，哪会在乎一座园林呢，当即上书把长门园献给了皇帝。武帝果然很高兴，将长门园改名为长门宫。刘嫖自然也高兴，让董偃以黄金百斤为袁叔祝寿。

但事情还不算完，毕竟武帝感谢的只是刘嫖，对

---

[1] 详见《资治通鉴熊逸版》（第三辑）第233讲。

董偃是什么态度,还没有任何明确表示。下一步该怎么办,袁叔还有第二计:让刘嫖装病。

刘嫖之于武帝,既是姑妈,又是岳母,所以刘嫖生病,武帝自然要去探望,这就有了一个很好的装可怜、拉感情的机会。在普通人的理解里,武帝一来探病,刘嫖就该一把鼻涕一把泪地哭诉辛酸,把自己最疼爱的董偃托付给武帝关照。但刘嫖并没有这么做,从头到尾只是装可怜、拉感情,根本没提董偃一句。

不久刘嫖大病初愈,上朝去了——她本来就是装病。武帝大摆盛宴,但姑侄二人也只是饮酒尽欢,刘嫖依然没提董偃的事。火候已经足了,但就是不揭锅,因为锅盖一定要等武帝亲自去揭。

不拘礼法

几天之后,武帝到刘嫖府上探望,却见她穿着下人的衣服,恭恭敬敬地接待。武帝不傻,刚刚落座就直截了当地说:"愿谒主人翁。"大意是,我想拜会一下家里的男主人。

"主人翁"一词虽不是汉武帝发明的,但正因他这句话,才有了别的味道。按说刘嫖家里的主人翁,只能是她的合法夫君陈午。但陈午早已过世,汉武帝并不是不知道。如今武帝要见主人翁，说的自然就是董偃。既然把他当成主人翁，那么董偃和刘嫖到底是什么关系，武帝自然已经心知肚明。

刘嫖立即摆出服罪的姿态，做完一整套动作，才把董偃领了出来。董偃在武帝面前的亮相也是经过精心设计的：首先，他不是从正房出来，而是从拐角出来；其次，他的装束是绿头巾配套袖，这是厨师的标准扮相。而且，董偃没资格亲口和武帝说话，要刘嫖在旁替他引荐，引荐时也不能说"董君"如何，而要说馆陶公主家的厨子董偃冒死拜见皇帝。

依照周礼，贵族男子成年之后头上戴冠，不戴头巾；社会地位低下的人则戴头巾，没有资格戴冠。以董偃的出身，本应戴黑色的头巾——指代平民百姓的"黔首"一词就是这么来的，不知厨师为何特殊，要戴绿头巾。董偃当然不是真的厨师，刘嫖拿他当贵族孩子养育，给他行过冠礼，他应该只戴冠而不戴头巾。但这种公然践踏社会规范的行为不能在武帝面前表现出来，所以董偃才恢复了社会底层劳动者应有的装扮。

戴绿头巾，史料原文是"绿帻"，从此成为一个文化语码。李白有名句"绿帻谁家子，卖珠轻薄儿"（《李太白全集·古风·其八》），就是借董偃的典故来形容纨绔子弟。不过"绿帻"并未因此演变成今天

"绿帽子"的含义。到了明朝初年，国家规定官营娱乐业的从业者戴绿头巾，这是一种公然的羞辱。（［明］谢肇淛《五杂组·卷八》）后来苏州一带称呼妻子出轨的男人为"绿头巾"（［清］梁松年《梦轩笔谈·卷十三》），这才逐渐演变为今天的"绿帽子"。

刘嫖和董偃示足了好，做足了低姿态，而汉武帝又是我行我素、不拘泥礼法的性格，事情进展到这一步，就该是皆大欢喜的结局了。武帝让董偃换上像样的衣冠赶紧入座，照旧称他为主人翁。这不能怪汉武帝刁钻，若非如此，不管怎么称呼董偃，都免不了一番尴尬。

从此以后，董偃的身份相当于得到了官方认证，天下无赖子弟纷纷聚拢到他身边。董偃时常陪着武帝斗鸡走狗、跑马射猎，玩得不亦乐乎。对于武帝而言，董偃的出现为他打开了一个美丽新世界，他这才知道世间还有如此丰富多彩的娱乐项目。

疏远董偃

原文：

是时，中郎东方朔陛戟殿下，辟戟而前曰："董偃有斩罪三，安得入乎！"上曰："何谓也？"朔曰："偃以人臣私侍公主，其罪一也。败男女之化，而乱婚姻之礼，伤王制，其罪二也。陛下富于春秋，方积思于六经；偃不遵经劝学，反以靡丽为右，奢侈为务，尽狗马之乐，极耳目之欲，是乃国家之大贼，人主之大蜮，其罪三也。"上默然不应，良久曰："吾业已设饮，后而自改。"朔曰："夫宣室者，先帝之正处也，非法度之政不得入焉。故淫乱之渐，其变为篡。是以竖貂为淫而易牙作患，庆父死而鲁国全。"上曰："善！"有诏止，更置酒北宫，引董君从东司马门入。赐朔黄金三十斤。董君之宠由是日衰。是后，公主、贵人多逾礼制矣。

事情忽然发生了转折。某一天武帝在宣室殿设宴招待刘嫖，派人请董偃入宫。当时东方朔正在殿前值勤，义正词严地规劝武帝，说董偃该杀，即便只说眼下，皇帝也不该在宣室殿这种国家正式场合招待董偃这种货色。

东方朔以其口才成功说动了汉武帝，董偃从此被疏远。后来，董偃年仅三十岁就过世了，也不知算是幸运还是不幸。几年之后，刘嫖也过世了，和董偃合葬于霸陵。真爱就是这样无所顾忌。要知道，刘嫖本应和自己的合法夫君陈午合葬，而她竟然和董偃合葬，实在是冒天下之大不韪。所以，董偃的发迹，成为社会风气的一个转折点：皇亲国戚、男男女女有样学样，都不再拿礼制当回事。从这个侧面来理解汉武帝的"独尊儒术"，就会发现，儒学最讲究的伦理秩序，反而是他最不在乎的事情。

细看这段历史，时间线很不清晰。陈皇后被废发生在元光五年（前130年），而根据《汉书·高惠高后文功臣表》的记载，这时她的父亲堂邑侯陈午还活着，要到下一年，也就是元光六年（前129年），陈午才会过世，刘嫖才会守寡，再后来才有董偃那些事。（[清]王先谦《汉书补注》）然后，等董偃从十三岁长大成人，刘嫖才会为他铺路，献给武帝长门园，后来改名为长门宫。

也就是说，要等到陈皇后被废很多年之后，才会有所谓的长门宫。这到底是怎么回事呢？

092

司马相如怎么写下传世名篇

《长门赋》

陈皇后废居长门宫一事的时间线很难理顺,从历史研究的角度,这不过是个枝节问题,但在文学史上就很重要了,因为它直接关联着汉赋名作《长门赋》到底是司马相如的亲笔,还是后来好事之徒的伪作。

南北朝时期,梁太子萧统编纂《文选》,收录有司马相如的《长门赋》,分在"哀伤"这一门类下面。萧统还写了一段序言介绍《长门赋》的创作来由,说陈皇后孤零零住在长门宫里愁闷悲思,听说司马相如是天下第一等的文章高手,于是拿黄金百斤去笼络他和卓文君,换来这篇《长门赋》。后来汉武帝被文章打动,重新对陈皇后好了起来。

事情听上去有几分合情合理,但因为时间线的问题,可信度大打折扣。不过,历朝历代的文人骚客太喜欢这个故事了，所以并不太在意史实上的真伪，这就使得"千金买赋"成为司马相如留给后人的第十二个文化语码。细心的人会注意到：不是黄金百斤吗，怎么突然变成千金买赋了？原因很简单，"千金买赋"说出来比"百金买赋"更好听，更能凸显《长门赋》的价值。

百金也好，千金也罢，如果是真的，整件事就有了划时代的意义，意味着纯文学作品可以被明码标价，才子可以被重金约稿了。所以，我们不难理解为什么文人骚客特别迷恋这个故事。除了这个原因之外，中央集权政治结构下的君臣关系很像父权社会下的夫妻关系，陈皇后被打入冷宫这种事很容易引发文人的共鸣，被打入冷宫之后应当有怎样的心态和怎样的期待，也逐渐有了标准答案。

比如司马迁被汉武帝施加腐刑一事，有人认为，即便如此，司马迁也不该在《史记》里讲汉武帝的坏话，他应当像一个遭受不公正对待的妻子那样，怀着对丈夫刻骨铭心的爱，期待着丈夫回心转意。拿这种观念去套《史记》，就会觉得《史记》是一部"谤书"。

再看杜甫，虽然一生遭遇了那么多磨难，皇帝始终没拿他太当回事，但他的诗里总有一种痴心不改。苏轼对杜甫有一段相当著名的评价，说古今诗人这么多，杜甫能排第一，是因为他纵然颠沛流离、饥寒交迫，一辈子都没机会施展政治抱负，但无时无刻不在记挂着皇帝。(《苏轼文集·卷十·王定国诗集叙》)换句话说，不管皇帝怎样，杜甫始终不怨不怒，不舍不弃。

《长门赋》描写的陈皇后正是这样的心态：有期待，有哀伤，有自责，有缠绵悱恻，有一往情深，唯独没有半点抱怨。它是用武帝很着迷的古雅辞藻写出来的："日黄昏而望绝兮，怅独托于空堂。悬明月以自照兮，徂清夜于洞房。援雅琴以变调兮，奏愁思之不可长……"若陈皇后本人可以倾吐心声，《长门赋》一定会是另一种写法。

《白头吟》

更有意思的是，司马相如精心遣词造句，撮合一对感情破裂的夫妻，但他自己似乎并没有做得更好。《西京杂记》有记载说，司马相如想纳妾，看中了长安旁边茂陵某人家的女子。卓文君听说此事，写下了《白头吟》，要和司马相如断绝关系，司马相如这才打消了纳妾的念头。(《西京杂记·卷三》)

《白头吟》最早被收录在《玉台新咏》里："皑如

山上雪，皎若云间月。闻君有两意，故来相决绝。"意思是，我有感情洁癖，眼里揉不得沙子，听说你动了别的心，咱俩就痛快离了吧。然后，卓文君又说出了心声："愿得一心人，白头不相离。"希望可以找到一辈子对自己死心塌地的男人，一生一世一双人。

严格来看，这首《白头吟》应该是汉朝一首流行歌曲的歌词，作者已不可考，只是被后人附会到卓文君名下，又给司马相如和她编出来一段感情波折。（［唐］吴兢《乐府古题要解·卷上》）

但是，只要情节是人们喜闻乐见的，那么不管真假，这首诗都会不断被人津津乐道。就这样，"茂陵女"和"白头吟"成为司马相如留给后人的第十三和第十四个文化语码。李白借乐府古题也写过一首《白头吟》："此时阿娇正娇妒，独坐长门愁日暮。但愿君恩顾妾深，岂惜黄金买词赋。相如作赋得黄金，丈夫好新多异心。一朝将聘茂陵女，文君因赠《白头吟》。"李白这是把《长门赋》和《白头吟》拉到一处，说司马相如哪有资格撮合人家夫妻，自己做得还不如汉武帝。

同样论调的还有崔道融的绝句《长门怨》："长门花泣一枝春，争奈君恩别处新。错把黄金买词赋，相如自是薄情人。"

我们读历代诗词，长门赋、长门怨、白头吟，凡此种种的各类语码特别常见，添油加醋的事情自然也就越来越多。到了明朝，贺复征编选《文章辨体汇选》，收录有卓文君写给司马相如的一封书信，责备他另有新欢，所以要"锦水汤汤，与君长诀"。张燮编选的《司马文园集》，收录有司马相如给卓文君的回信。在信中，他拍胸脯表态，绝不辜负老婆大人的期待。

不过，虽然如此信誓旦旦，他的一些话却耐人寻味，例如"五味虽甘，宁先稻黍。五色有灿，而不掩韦布"，大意是：就算鸡鸭鱼肉再香，人也必须先吃白饭；就算绫罗绸缎再漂亮，也掩盖不了粗布的美——说得好像卓文君是糟糠，全然不记得她是富家千金，自己的财富全是岳父大人给的。（《司马相如资料汇编·汉代》）

回到陈皇后身上，无论长门宫当时是否存在，总之她被废去皇后头衔，打入了冷宫。这场大狱，究竟有几分是陈皇后咎由自取，有几分是汉武帝处心积虑，又或是卫子夫暗中使坏，后人各有怀疑。

前车之鉴

西汉末年，董贤被汉哀帝宠幸，他的妹妹入宫为昭仪。汉哀帝专宠董昭仪，冷落了傅皇后，连带着她的父亲孔乡侯傅晏虽有高贵的头衔，却郁郁不得志。桓谭和傅晏私交很好，提醒他说："从前武帝想立卫子夫为后，暗中去找陈皇后的把柄，果然废掉了她，改立了卫子夫。如今董贤是皇帝身边的红人，董昭仪又被皇帝专宠，恐怕当年的'子夫之变'将要重演。"

桓谭把当年陈皇后被废称为"子夫之变"，显然认为起因全在卫子夫身上。傅晏被一言点醒，着实吓了一跳，请桓谭拿主意。桓谭首先搬出一个大道理，叫作"刑罚不能加无罪，邪枉不能胜正人"，意思是刑罚就算再可怕，也没法施加在无罪之人的头上，歪门邪道战胜不了走正道之人。桓谭叮嘱傅晏说，傅皇后还年轻，处在这种境况下，万万不可像当年的陈皇后那样被巫婆神汉蛊惑，搞巫术来试图挽回皇帝的心；傅晏本人也要注意，就算自身无懈可击，但架不住门客那么多，总会有人议论朝政，说出什么不该说的话，不如遣散门客，深居简出，谨言慎行。

傅晏很听劝，不但自己照做了，还叮嘱了傅皇后。后来董贤果然作怪，暗中指示太医令搜寻傅晏一家的罪证，还逮捕了傅皇后的弟弟。结果，傅晏硬是让董贤抓不到任何把柄，董贤只有作罢。终哀帝一朝，傅氏家族就这样有惊无险地熬了过来。（《后汉书·桓谭冯衍列传》）桓谭和傅晏都属于很会从历史当中汲取经验教训的人，而陈皇后的前车之鉴，离他们并不久远。

按照《汉书·外戚传》的时间线，陈皇后被废、退居长门宫第二年，她的父亲陈午过世。陈午的长子陈须（或叫陈季须）继承爵位，成为第四代堂邑侯。刘嫖寡居，喜欢上了董偃。十多年后，刘嫖过世。陈须涉嫌淫乱，又闹出兄弟之间争夺财产的事情，犯了死罪。陈须因此自杀，封地撤销。又过了一些年，早已不是皇后的陈皇后终于结束了由喧嚣转入冷寂的一生，葬在霸陵郎官亭东。（[清]王先谦《汉书补注·外戚传》）

武帝的陵墓叫作茂陵，而霸陵是文帝陵。陈皇后到死也没能和武帝挨得近些。

最后，用辛弃疾的一段词来结束本篇：

长门事，准拟佳期又误。

蛾眉曾有人妒。

千金纵买相如赋，脉脉此情谁诉？君莫舞。

君不见玉环飞燕皆尘土！闲愁最苦。

休去倚危栏，斜阳正在，烟柳断肠处。

——《摸鱼儿·淳熙己亥，

自湖北漕移湖南，同官王正之置酒小山亭，为赋》

093

公孙弘是怎么时来运转的

见知法

原文:

上以张汤为太中大夫,与赵禹共定诸律令,务在深文。拘守职之吏,作见知法,吏传相监司。用法益刻自此始。

这一讲继续来看武帝元光五年(前130年)的大事件。张汤因为审理陈皇后案表现出色,升任太中大夫,和赵禹共同审定各种法律条文。这两人开动脑筋,务求把法律条文做到滴水不漏,可以严格约束所有的在职官员,还专门制定了"见知法"。按照颜师古的注释,这项法律的意义在于鼓励对犯罪行为进行检举揭发,如果有谁知情不报,就要按故意纵容处置。那么可想而知,"见知法"一出,同僚就没法好好相处了。这一法律的出台,标志着政治风格的一次转向,从此以后法律变得越来越严苛，"萧规曹随"的无为风气荡然无存。

以今天的观念来看，很难理解《资治通鉴》的这段记载——把法律条文周密化，堵住所有漏洞，公职人员互相监督，难道有什么不对吗？如果没有"见知法"，一个人看见同僚违法乱纪、贪污受贿，就算心里有再多不忿，往往也会碍于情面，或者因为害怕遭到打击报复，最后睁一只眼闭一只眼。那么"见知法"不正好可以有效杜绝这种现象吗？公职人员只要作风清廉，问心无愧，怕什么"见知法"呢？

但是，汉朝人的观念和今天很不一样，尤其在经过黄老之术的洗礼之后，管理学的主流精神是"水至清则无鱼，人至察则无徒"。毕竟，人再怎么按部就班，也不是机器；法律再怎么天衣无缝，也不是自动执行的程序指令。看上去张汤和赵禹努力完善了法律条文，但法律没有因此变成一架自动化程度很高的复杂机器，反而让张汤、赵禹等人随便捏扁揉圆。也就是说，法律条文越完善，可操作的空间反而越大，真正重要的并不是条文如何规定，而是谁掌握了对条文的解释权。

长者风度

张汤已是我们熟悉的人物了,他的合作伙伴赵禹在《资治通鉴》里还是第一次出场。赵禹也是《史记·酷吏列传》中的一位主角,他出身于公职系统的最底层,身上最突出的特征就是廉洁。周亚夫做丞相时,赵禹在丞相府任职,府里人人都称赞他为人廉洁、处事公平,但周亚夫就是不重用他,理由是:"我很清楚赵禹能力强,但他运用法律条文时太苛刻,这样的人不适合担任高级职位。"

周亚夫的看法,代表了古代的主流意见。赵禹看上去既廉洁又处事公平,按说是个标准意义上的好干部,但周亚夫认为,这样的人只能安排在基层岗位,一旦让他们升迁上来,那些闪光点马上就会变成祸根。这个道理很家常,俗话说"不痴不聋,不作家翁",当家长的若都像赵禹那样察察而明,眼里不揉沙子,那么家里非但不会井井有条、妻贤子孝,反而会鸡飞狗跳。

所以对于周亚夫这句话,后人评价颇高:有人夸这是长者之言,[1]有人说这才是高级官员该有的大局观。[2]

---

[1] [清]李晚芳《读史管见·卷三》:"蒋云:于此见条侯长者。"

[2] [清]吴汝纶《吴汝纶日记·卷二》:"任大臣者,当识此义。"

汉朝人夸一个人好，最常用的词就是长者。长者的核心特质是有包容心，有耐受力。中央集权制度是一个科层制结构，所以在古人看来，越是高层管理者越需要长者风度。尤其是皇帝，不仅要有长者风度，还必须有藏污纳垢的能力。

"藏污纳垢"在今天是一个彻头彻尾的贬义词，但它其实出自春秋年间伯宗劝谏晋景公的一段话："川泽纳污，山薮藏疾，瑾瑜匿瑕，国君含垢，天之道也。"意思是，高山大河必然要容纳很多污秽，美玉不显眼的地方会藏着瑕疵，一国之君也要有忍辱负重的胸怀，不可有道德洁癖，这就是自然规律。（《左传·宣公十五年》）

这是汉朝人的共识。在和小公务员出身的酷吏张汤吵架时，汲黯说过一句更直白的话："天下谓刀笔吏不可以为公卿。"意思是，天下人都说小公务员不能做高级干部。潜台词则是，基层公务和高层公务需要两种截然不同的能力，基层表现越突出的人，就越不适合做高级岗位。（《史记·汲郑列传》）

这种观念流传开来，就有了我们熟悉的俗话：宰相肚里能撑船，大人不记小人过，成大事者不拘小节，大人有大量……还有古雅一些的版本，诸如：人不可以察察为明，察见渊鱼者不祥……赵禹的肚里显然撑不了船。

但是，酷吏为人处世并不遵循这套逻辑。尤其是赵禹这种打铁还需自身硬的酷吏，既然能用道德洁癖约束自己，就不介意用同样的标准约束别人。

一个人如果眼里不揉沙子，每一粒芝麻都不放过，那么代价就是永远看不见西瓜。但周亚夫的时代已悄然落幕，随之一起落幕的是已嫌古老而不合时宜的黄老之术。新的时代是一个积极有为的时代，呼唤新的行政风格，这便给了赵禹、张汤这样的人大展拳脚的机会。

公孙弘对策

原文：

八月，螟。

是岁，征吏民有明当世之务、习先圣之术者，县次续食，令与计偕。

菑川人公孙弘对策曰："臣闻上古尧、舜之时，不贵爵赏而民劝善，不重刑罚而民不犯，躬率以正而遇民信也；末世贵爵厚赏而民不劝，深刑重罚而奸不止，其上不正，遇民不信也。夫厚赏重刑，未足以劝善而禁非，必信而已矣。是故因能任官，则分职治；去无用之言，则事情得；不作无用之器，则赋敛省；不夺民时，不妨民力，则百姓富；有德者进，无德者退，则朝廷尊；有功者上，无功者下，则群臣逡；罚当罪，则奸邪止；赏当贤，则臣下劝。凡此八者，治之本也。故民者，业之则不争，理得则不怨，有礼则不暴，爱之则亲上，此有天下之急者也。礼义者，民之所服也；而赏罚顺之，则民不犯禁矣。

"臣闻之：气同则从，声比则应。今人主和德于上，百姓和合于下，故心和则气和，气和则形和，形和则声和，声和则天地之和应矣。故阴阳和，风雨时，甘露降，五谷登，六畜蕃，嘉禾兴，朱草生，山不童，泽不涸，此和之至也。"

时对者百余人，太常奏弘第居下。策奏，天子擢弘对为第一，拜为博士，待诏金马门。

当年八月，爆发了严重的病虫害，粮食产量会受到致命的影响。但这只是史书中的一个小插曲，同一时间的大事件是：皇帝征召各地既通晓儒家经术，又有经世致用能力的知识分子。在这次人才大筛选里，菑川人公孙弘崭露头角。这是一个重要人物，他的出场浓墨重彩。

当时各地人才纷至沓来，照例要做"对策"。《资治通鉴》收录了公孙弘的对策内容，这里略过不谈，只看结果：同期参加对策的有一百多人，有关部门阅卷之后，把公孙弘的对策排在最后。但武帝亲自看过之后，也许是独具慧眼，把公孙弘的对策擢升为第一名。如果以科举时代的标准来看，这就相当于武帝钦点公孙弘为状元。

但是，先前有关部门把公孙弘的对策排在最后，并非有偏见或有眼无珠。无论是看《资治通鉴》的节选本，还是看《汉书》的完整本，都可以看出，他的发言不过是儒家的老生常谈，实在不知为何被汉武帝看中。《汉书》还交代了一个细节：武帝召见公孙弘，发现此人"容貌甚丽"，一表人才。（《汉书·公孙弘卜式儿宽传》）

武帝对他的安排是"拜为博士，待诏金马门"。"拜为博士"我们已经很熟悉了，"待诏金马门"在《资治通鉴》里第一次出现。"待诏"就是随时等候皇帝的召见，听候差遣。所以这是一种临时性的安排。皇帝如果看某人才堪一用，就可以让他到某个地点"待诏"。大体上，待诏的地点离皇帝越近，他在皇帝心里的地位就越高，待遇就越好。如果是待诏公车署，地点在外围，待诏者的待遇就低。如果是待诏金马门或待诏黄门，地点很核心，都在皇宫之内，待诏者的待遇就高。因为待诏是临时性的，所以待遇不论高低，都只是生活补贴，而不是正式的俸禄。

时来运转

公孙弘待诏金马门可以说是大器晚成的一个典范，要知道这时他已七十岁，按照今天的标准早该退休了。那么问题来了：武帝在即位的第一年明明已征召儒家贤才，董仲舒、庄助都是那时出道的，为什么公孙弘要等到元光五年才姗姗来迟呢？

答案在《史记》里：公孙弘其实是董仲舒、庄助的同期生，只不过命途多舛。

公孙弘是齐地菑川国薛县人，这里曾是孟尝君的大本营。当年孟尝君广招天下客，不少任侠人士和作奸犯科的人云集而来，所以小小的薛县竟然有了移民城市的特点。司马迁曾经路过这里，发现当地民风剽悍，正是孟尝君的流风遗韵。（《史记·孟尝君列传》）公孙弘正是在这样的土壤里成长起来的。年轻时，他在本地做狱警，因犯罪被开除公职。家里穷，他只好在海边放猪为生。这是一个有意思的细节：汉代养猪，既有圈养的，也有放养的。今天吃的猪肉基本来自圈养的猪，如果偶尔有放养的猪，"放养"这个细节一定会被商家当成重要卖点，最出名的就是西班牙的伊比利亚黑猪。但放养这种方式并不是舶来品，公孙弘就过着贫寒的放猪生活，还颇为孝顺地奉养后母，直到四十多岁才开始学习儒家经典《春秋》的相关学说。

后来汉武帝即位，征召贤良文学之士，年已花甲的公孙弘顺利成为博士。但读书并不能这么容易地改变命运。公孙弘博士奉命出使匈奴，回朝交差时，工作汇报让武帝很不满意。公孙弘没办法，称病辞职，回了老家。就这样到了元光五年，朝廷再次征召人才，菑川当地政府也再一次把公孙弘推荐上去。他赶紧推辞，说自己已被淘汰过一次，这次就推荐别人吧。但不知为何，当地政府非要推荐公孙弘不可。(《史记·平津侯主父列传》)

当地政府这么做，也许是太欣赏公孙弘了，但更大的可能是：当时的推荐机制还在草创阶段，推荐结果还没有和推荐人的奖惩真正挂钩，所以地方负责人懒得为这种事费心，胡乱交差了事。推荐机制严格化，还要等到两年之后的元朔元年。

公孙弘的人生逆袭确实不可思议，原本很像是能力不足，机会来了也抓不住；后来却像是命运之神硬要赶鸭子上架，不但地方政府非要给他第二次机会，就连他那篇满是陈词滥调的对策，垫底之后不知怎么又被汉武帝点了头名。而这远不是他的人生巅峰，他才刚刚在金光大道上起步。

094

公孙弘的为官智慧是什么

辕固的告诫

公孙弘以古稀高龄第二次做了博士。但这并不是特例。同期生里还有一位辕固,在景帝时代就做过博士和诸侯王的太傅,后来告病辞职。等到武帝即位,征召辕固,这时他已九十多岁。

原文:

齐人辕固,年九十余,亦以贤良征。公孙弘仄目而事固,固曰:"公孙子,务正学以言,无曲学以阿世!"诸儒多疾毁固者,固遂以老罢归。

《资治通鉴》把辕固和公孙弘的同期应征安排在元光五年(前130年),但追溯这段史料的原始出处《史记·儒林列传》,事情应当发生在十年前的建元元年

（前140年）。当时六十岁的公孙弘遇到九十多岁的辕固，表现是"侧目而视"，有点畏惧的样子。辕固也是齐地人，和公孙弘算得上半个老乡，而辕固成名已久，是《诗经》研究领域的一代宗师，三家诗里的"齐诗"就是他老人家开宗立派的。论学术、论资历、论威望、论辈分，公孙弘都差辕固一大截。

辕固对公孙弘应该也是有所了解的，对他说："公孙子，务正学以言，无曲学以阿世。"意思是：公孙先生，希望你今后一定要用正确的学术来发表见解，不要歪曲学术来迎合世俗。成语"曲学阿世"就是这么来的。

不难想见，辕固这样的人，即便在儒家阵营内部也很容易遭到排挤，所以他很快就告老还乡了。而辕固如此告诫公孙弘，显然很清楚他的为人。那么，公孙弘有没有听进去老前辈的话呢？元光五年，公孙弘再次拜为博士、待诏金马门时，似乎真的有了这种觉悟。

视察巴蜀

原文：

是时，巴、蜀四郡凿山通西南夷，千余里戍转相饷。

数岁，道不通，士罢饿、离暑湿死者甚众。西南夷又数反，发兵兴击，费以巨万计而无功。上患之，诏使公孙弘视焉。

这时的公孙弘已经七十岁了。按说老人家留在朝廷做个顾问就好，像上次出使匈奴那种差事应该是做不动了。但他的身体非常硬朗，以至于汉武帝又给他派了一个需要长途跋涉的差事——视察巴蜀。

前文讲过，唐蒙和司马相如一个开通南夷，一个开通西夷，又为朝廷设置了犍为郡，而为了实现有效治理，就必须把官道修通。这可不是在平原地区修路，而是在巴蜀、云贵的山区，工程难度可想而知。唐蒙和司马相如论证项目的可行性，说不会给中央财政增加负担，单凭巴蜀的人力物力就绰绰有余，而巴蜀百姓并无任何发言的机会。

唐蒙亲自去过夜郎，司马相如更是成都本地人，他们如此低估事情的难度，可能是因为：为了立功，就要申请立项；为了立项，就难免要夸大项目的收益，弱化成本和风险；等项目启动，原先获批的资源不够用了，再申请追加，上级领导定然舍不得放弃沉没成本。若立项之初就把成本和风险一五一十交代清楚，那么项目难以获批，立功的机会就和自己失之交臂。这种事情，在历史上屡见不鲜。

后来，工程旷日持久，巴蜀地区民怨沸腾，西南夷还屡屡造反，唐蒙和司马相如就算想压也压不住了，所以才有公孙弘这次奉命出使。

回朝复命

原文：

还奏事，盛毁西南夷无所用，上不听。弘每朝会，开陈其端，使人主自择，不肯面折廷争。于是上察其行慎厚，辩论有余，习文法吏事，缘饰以儒术，大说之，一岁中迁至左内史。

公孙弘走完一圈，回朝复命，完全没有曲学阿世，而是直言劝谏武帝赶紧叫停西南夷项目，说它就算不劳民伤财也不该做，因为那些穷乡僻壤的夷狄之地即便顺利收编为郡县，也只会成为朝廷的负担，而不会创造价值。

这一次，公孙弘的汇报又不合汉武帝的心意。但公孙弘似乎学乖了，并没有像上次那样称病辞职，而是厚起一张老脸赖在朝廷里，再也不直接表达自己的意见了。调整策略后的公孙弘，每次开会只谈事实，却不表态，把表态的事情全部留给汉武帝。而不管武帝如何表态，公孙弘都不会当场提出反对意见。这样一来，武帝禁不住越来越喜欢公孙弘，没到一年就提拔他为左内史。

秦制，京畿地区由内史管理，因此京畿地区也被称为内史。汉文帝时，内史分为左内史、右内史。公孙弘担任的左内史是中二千石的级别，和九卿、郡太守平级。

公孙弘非常有做官的天赋，碰过两次壁后迅速抓住了诀窍，无非就是从不当面反驳皇帝而已。那么，公孙弘是不是"扬善于公堂，规过于私室"，也就是只在私底下才会反驳武帝，不让他在众人面前难堪呢？

官场智慧

原文：

弘奏事，有不可，不廷辨。常与汲黯请间，黯先发之，弘推其后，天子常说，所言皆听，以此日益亲贵。弘尝与公卿约议，至上前，皆倍其约以顺上旨。汲黯廷诘弘曰："齐人多诈而无情实。始与臣等建此议，今皆倍之，不忠！"上问弘。弘谢曰："夫知臣者，以臣为忠；不知臣者，以臣为不忠。"上然弘言。左右幸臣每毁弘，上益厚遇之。

公孙弘确实会私下找武帝商量事情，但态度始终如一。他经常和汲黯一道去见武帝，从来都是汲黯先发言，他只敲边鼓，武帝听得很受用，所以言听计从。公孙弘还曾和公卿大臣们约好，就某事达成一致。但等武帝一来，他怎么说，公孙弘就怎么附和，完全和先前约好的反着来。

可想而知，同僚们有多讨厌公孙弘。汲黯终于忍不住当着武帝的面诘难他："齐人大多奸诈，嘴里没实话。你开始明明和大家商量好了方案，现在一股脑推翻，你这人不忠！"

这番话，首先是地域歧视——以点及面，实在是人的通病。但汲黯把公孙弘前后不一的表现说了出来，武帝自然会问怎么回事，公孙弘如何接招呢？

一般人的反应，是情急之下矢口否认，但汲黯说话向来直来直去，从不怕当面让人下不来台，如果公孙弘指责他诬陷自己，武帝肯定不信。退一步说，就算武帝有所怀疑，真的当庭对质，所有人也都会站在汲黯一边，到那时公孙弘就再无台阶可退，只有辞官了。

这时就显出了公孙弘的急智——汲黯那番话可以分成两部分：前半部分是事实陈述，说公孙弘明明事先和大家商量好了，一到武帝面前就见风使舵；后半部分是价值判断，指责公孙弘不忠。铁一般的事实没法反驳，但价值判断只是主观偏好。所以，公孙弘回答："夫知臣者，以臣为忠；不知臣者，以臣为不忠。"这马上让人联想到《诗经》里的名句"知我者谓我心忧，不知我者谓我何求"。

这样一种腔调似乎回答了一切，仔细一想，又一丁点信息含量都没有。但汲黯的脑筋动得没那么快，人际交往毕竟不是学术答辩。公孙弘就凭这一句话，让汲黯的一记重拳打在了棉花团上，而武帝偏偏就吃这一套。从此以后，再有人说公孙弘坏话，武帝通通不以为然，反而对他更加厚待。明朝学者钟惺对公孙弘那句忠与不忠的话有一句很妙的评价："妙在不说透，千古老奸，情形如见。"（[清]牛运震《空山堂史记评注校释·卷十一》）

毁誉交加

公孙弘的一生太有传奇色彩，所以后人对他津津乐道：有的从勤学励志的角度出发，看的是他四十岁以后才开始一边养猪、一边求学，最后官居卿相，受封平津侯，风光无限；有的从为人处世的角度出发，看的是他如何曲学阿世，凭着一身变色龙的本领迷惑了汉武帝，给自己挣来泼天富贵。

而公孙弘的功名富贵到底有几分是从勤学上进得来的，有几分是从曲学阿世得来的，这就说不清了。

《三字经》里有一句"披蒲编，削竹简。彼无书，且知勉"，有些注释认为，"披蒲编"说的是汉朝名臣路温舒勤学的事迹，而"削竹简"说的就是公孙弘——当年他在竹林当中放猪，削去竹子青色的外皮，借来人家的《春秋》抄写在竹子上。[1] 这个说法虽然凭空而来，可信度约等于零，但冬烘先生将公孙弘发奋自学的事迹附会到《三字经》里来教育小孩，也算是一种由衷的认可。

---

[1] 《三字经古本集成·三字经注解备要·卷二》："又有公孙弘，年五十矣。为人牧豕于寒竹林中。将竹削去青皮，借人《春秋》，抄写以便诵读。"

汉武帝元光六年

095
卫青是怎么从奴隶到将军的

初算商车

原文:

(六年)

冬,初算商车。

这一讲进入新的一年,武帝元光六年(前129年)。年初,大汉出台了一项很新颖的税收政策——"初算商车"。按照李奇的注释,这是要对商人的车船征收算赋。算赋原本是人头税,成年人不分男女,每年固定要缴纳一笔钱。"初算商车"意味着人头税的适用范围拓展到了人以外。商人的车船每年要缴路桥费，这在重农抑商的意识形态下并不算苛捐杂税。但是，出台这项政策很可能不是出于重农抑商的考虑，而是国家财政吃紧了。以武帝的行政风格，这是迟早的事。

政府开支，一种是像开通西南夷那样，一年年拿人力物力去填一个无底洞，几乎看不到任何收益，由此带来的财政吃紧属于官民两输。还有一种，是大型水利工程需要政府统一调度，虽然耗费巨大，但一旦做成便会官民两利，而且获益长久。

运河计划

原文：

大司农郑当时言："穿渭为渠，下至河，漕关东粟径易，又可以溉渠下民田万余顷。"春，诏发卒数万人穿渠，如当时策；三岁而通，人以为便。

先前元光三年（前132年），黄河在濮阳县瓠子堤决口，水患波及十六个郡。武帝派汲黯、郑当时征发十万人填堵被冲垮的河堤，但随堵随垮，无可奈何，最后听了丞相田蚡的意见,顺应天意,不去管了。[1]幸好汉政府没有因此觉得所有的水利工程都是逆天的举动。治黄河失败的那位郑当时提出过一个方案,要打通渭水和黄河,这样不但运粮方便,还可以灌溉万顷民田。于是就在本年度的春天,武帝下诏,征发几万人实施郑当时的运河计划。

这段内容的原始出处是《史记·河渠书》。这是一篇水利工程的专题史,尤其聚焦在司马迁亲历的武帝一朝,详细记载了郑当时的运河计划:关东地区向关中运粮,运粮船需沿渭水逆流而上,全程九百里,六个月才能抵达长安,沿途还有许多艰险难行的航段。而开挖运河,引渭水从长安开始沿南山而下,只要三百多里就可汇入黄河,而且是一条直路,容易行船。预计可缩短一半航运时间,还顺带解决了运河沿岸万顷民田的灌溉问题。

工程历时三年,通航之后果然带来了很大的便利。

《史记·河渠书》的说法被《资治通鉴》采录,而《史记·平准书》说的则完全不一样。《平准书》历数武帝时的几项大型水利工程,其中就包括郑当时的运河项目。所有这些项目,无一例外都旷日持久、劳民

---

[1] 详见前文第079讲。

伤财，总也不见完工。所以，郑当时的运河到底有没有修成，竟然成了一个争议问题。不过，主流意见是站在《资治通鉴》一边的。（李令福《关中水利科技史的理论与实践》）

出击匈奴

原文：

匈奴入上谷，杀略吏民。遣车骑将军卫青出上谷，骑将军公孙敖出代，轻车将军公孙贺出云中，骁骑将军李广出雁门，各万骑，击胡关市下。

开凿运河的同时，朝廷还要忙着抗击匈奴。先前的马邑之役，使汉帝国和匈奴彻底决裂，任何表面功夫都变得毫无意义。匈奴这一次侵入的上谷郡，在今天的河北省张家口东部和北京西北部一带。汉帝国发动反击，车骑将军卫青从上谷郡出发，骑将军公孙敖从代郡出发，轻车将军公孙贺从云中出发，骁骑将军李广从雁门出发，均统率万人规模的骑兵部队，各自攻打附近关市地带的匈奴人。

前文讲过，马邑之役功亏一篑，策划人王恢自杀，从此匈奴不再跟汉帝国和亲，随心所欲地侵犯边境、杀人抢劫。只是，匈奴还贪恋着关市贸易的好处，汉帝国也没有撤销关市。双方的关系就这样既有敌对，又搞贸易。[1]也就是说，汉帝国和匈奴虽然在官方层面彻底决裂了，但对于民间外贸活动都睁一只眼闭一只眼。

假如没有关市，汉军想要出塞击杀匈奴人，基本要凭运气，因为匈奴人逐水草而居，飘忽不定。但有了关市，关市一带总会有不少匈奴人活动，汉军不会扑空。这样做的代价也是显而易见的：关市贸易会遭受严重打击。而一旦没有了关市，匈奴的劫掠活动自然又会升级。所以，这一次四路大军各自出击关市，是一种不留任何退路的打法，其政治意义比军事意义要大得多。

各有战绩

这次的打法有两个创新：一是不设主帅，各自为战，各显神通；二是清一色骑兵作战，追求最快的反应速度。这四路大军，自然各有各的战绩。

---

[1] 详见前文第078讲。

原文：

卫青至龙城，得胡首虏七百人；公孙贺无所得；公孙敖为胡所败，亡七千骑；李广亦为胡所败。胡生得广，置两马间，络而盛卧，行十余里；广佯死，暂腾而上胡儿马上，夺其弓，鞭马南驰，遂得脱归。下敖、广吏，当斩，赎为庶人；唯青赐爵关内侯。青虽出于奴虏，然善骑射，材力绝人，遇士大夫以礼，与士卒有恩，众乐为用，有将帅材，故每出辄有功。天下由此服上之知人。

卫青一直打入匈奴腹地，率军队推进到匈奴单于的祭祀所在地龙城（又作茏城、龙庭），并且带回来几百颗匈奴人的首级，这是前所未有的战绩。公孙贺的情况史料没有具体交代，只说他没能立功，应该是无功无过。公孙敖打了败仗，折损七千人，称得上惨败。李广更惨，不但军队被击溃，连本人都受伤被俘，虽然他凭着过人的胆识和武艺逃出生天，但败军之将论罪当斩。

李广和公孙敖缴纳赎金，免除了死罪，被贬为庶民。只有卫青立功受赏，受封关内侯，之所以没封彻侯，可能是因为斩首的数量还不够多。[1]

---

[1] ［清］王先谦《汉书补注·卫青霍去病传》："何焯曰：'以深入，故首虏不多，得赐爵。'"

这次出征的四位将军中，卫青是以外戚身份做了武帝的亲信，被破格提拔，第一次领兵作战，没想到打了唯一的胜仗。公孙贺有胡人血统，是武帝的亲信，并且是卫青和卫子夫的姐夫，也算外戚中的一员。他在武帝朝官至太仆，虽然是高级干部，但作战经验并不太多，前几年参加过马邑之役，无功而返。他的父亲公孙昆邪曾是李广的战友，与李广一道平定过"七国之乱"，特别欣赏李广。而公孙敖是卫青的好朋友，当时刘嫖为了给女儿出气，要杀卫青，是他救了卫青的命。他也属于被破格提拔的将军，和卫青一样是战场上的新丁。只有李广是久经沙场的名将，匈奴人可能没听过前三位，但没人不知道李广。四位将军各自为战，反而是新人卫青立了大功，李广惨败被俘，这到底是什么原因呢？

偏爱李广

《资治通鉴》把李广怎么被俘、逃脱，写得活灵活现、惊险万状，但对卫青怎么深入龙城、立下难得的军功，只是一笔带过，没有半点细节——好像卫青只是随便带回了几百颗匈奴首级，而李广才是真英雄、真豪杰。

这不怪司马光，而是因为司马迁在《史记》里就奠定了这种叙事基调。宋朝学者黄震的话很有代表性："卫青、霍去病虽然深入大漠，声震夷夏，立下不世之功勋，但读他们的传记，让人感觉不值一钱；而李广其实总在打败仗，但读他的传记，英雄气概扑面而来。这种反差纯粹是司马迁极尽高明的文学技法炮制出来的。"[1] 司马迁确实在李广身上倾注了太多的感情，所以这段历史经他的妙手书写出来，有点像《三国演义》里的"六出祁山"，明明每次都是诸葛亮败，司马懿胜，却让人感觉司马懿总被诸葛亮玩弄于股掌之上。

不过，要说李广的失败主要归因于他能力不足，盛名之下其实难副，这也冤枉了他。就以这场关市之役来说，四位将军各率万人规模的骑兵部队出塞寻找敌人，胜负的决定性因素是运气——如果遭遇匈奴主力，那么不管统帅是谁，结局都是羊入虎口，在茫茫草原上连逃命都难；当然也可能转了一圈却遇不到一个敌人；只有运气够好的情况下，才会锁定匈奴的中小型部队，使汉军得以发挥局部优势，以强击弱。在《史记·李将军列传》里，李广遭遇的是匈奴单于的大部队，所

---

[1] ［宋］黄震《黄氏日抄·卷四十七》："看卫、霍传，须合李广看。卫、霍深入二千里，声震夷夏，今看其传，不值一钱。李广每战辄北，困踬终身，今看其传，英风如在。史氏抑扬予夺之妙，岂常手可望哉？"

以他的军队被击溃，本人被活捉，并不令人意外。即便换做卫青、霍去病，恐怕也很难有更好的表现。

不过，毕竟人们是以成败论英雄。经此一役，卫青脱颖而出，完成了从奴隶到将军的蜕变，也让众人对武帝的识人之明刮目相看。

那么，李广、公孙敖被判死罪，赎为庶人，他们麾下的残兵败将该如何处置呢？

按说士兵败逃也要军法从事，尤其是李广的部队，主帅被俘，部下却溃散逃命，当然不行。但在《汉书》里，武帝专门下诏赦免了这些逃亡将士，赦免的理由可见当时的管理理念：若指导、训练不到位，那是将军之责；而若一切到位，士兵还是不肯尽力，那就是士兵之责。在此原则下，既然李广、公孙敖都被依法处置了，那就说明错在将领，也就不再处罚士兵了。（《汉书·武帝纪》）

原文：

夏，大旱；蝗。

六月，上行幸雍。

秋，匈奴数盗边，渔阳尤甚。以卫尉韩安国为材官将军，屯渔阳。

当年夏天，又是旱灾，又是蝗灾。

六月，武帝出巡雍县。

秋天，匈奴又来边境劫掠，渔阳是重灾区。于是，武帝派将军韩安国屯驻渔阳。

元光六年的大事件到此全部结束。

汉武帝元朔元年

096
李广是怎么被再次启用的

这一讲进入武帝元朔元年（前128年）。武帝的年号六年一换，"建元"用了六年，"元光"用了六年，现在是第三个六年的开始。

新的年号为何叫"元朔"？注释家们各执一词，其中以清朝学者王先谦的解释最有说服力——这一时期，武帝开疆拓土有了新成果，在北方新设了朔方郡。为了纪念这一大事，所以定年号为"元朔"。（［清］王先谦《汉书补注·武帝纪》）

儒学转向

原文：

（元朔元年）

冬，十一月，诏曰："朕深诏执事，兴廉举孝，庶几成风，绍休圣绪。夫十室之邑，必有忠信；三人并行，厥有我师。今或至阖郡而不荐一人，是化不下究，而积行之君子壅于上闻也。且进贤受上赏，蔽贤蒙显戮，古之道也。其议二千石不举者罪！"有司奏："不举孝，不奉诏，当以不敬论；不察廉，不胜任也，当免。"奏可。

元朔元年冬十一月，武帝下诏说，以前屡屡颁布求贤令，可迄今为止，竟还有偌大一郡连一个人才都推荐不出的现象，是不是郡太守没有尽职尽责呢？针对这一现象，必须制定处罚细则。

于是有关部门奏报，说郡太守若再有此种情形，就论罪免职。

想理解这个政策，就要回顾一下十二年前的建元元年（前140年），董仲舒曾建议各地定期举荐人才，建议虽被采纳，但落实的情况并不好，所以才会有两年前公孙弘被当地政府第二次推荐进京之事。如今，举荐不出人才要追责了。

原文：

十二月，江都易王非薨。

皇子据生，卫夫人之子也。三月，甲子，立卫夫人为皇后，赦天下。

当年十二月，江都王刘非过世。刘非和武帝是同父异母的兄弟。

同一时段，卫子夫生下了皇子刘据。武帝已经即位十三年了，终于有了第一个儿子。

刘据到底生于哪一年，不同史料说法不同。司马光在《通鉴考异》中去伪存真，依据《汉书·外戚传》，把刘据的生年确定在元朔元年。此前卫子夫还给武帝生过三个女儿，如今终于诞下男婴，也算是守得云开见月明，终于受封皇后。（《通鉴考异·卷一·汉纪上》）有如此喜事，照例大赦天下。但武帝看来格外开心，又出台了一项惠民政策：景帝后三年（前141年）以来，百姓拖欠政府的税款、债务和未追究完的诉讼，一概免除。

值得注意的是，冬十一月举荐人才的诏书里，引用了《论语》的"十室之邑，必有忠信；三人并行，厥有我师"；春三月立皇后的诏书里，引用了《易经》的"通其变，使民不倦"，还有《诗》里的"九变复贯，知言之选"。两份诏书的内容都不长，但这样高比例地引述儒家经典，无疑向天下传递出一种明确的意识形态导向信号。

老将韩安国

原文：

秋，匈奴二万骑入汉，杀辽西太守，略二千余人，围韩安国壁；又入渔阳、雁门，各杀略千余人。安国益东徙，屯北平；数月，病死。天子乃复召李广，拜为右北平太守。匈奴号曰"汉之飞将军"，避之，数岁不敢入右北平。

车骑将军卫青将三万骑出雁门，将军李息出代；青斩首虏数千人。

当年秋天，匈奴两万人入寇，杀辽西太守，掳掠两千多人；又围攻韩安国的营垒，攻入渔阳、雁门两郡，各杀略一千多人。韩安国率军东迁，驻军右北平郡。几个月后，韩安国病逝。武帝再次启用李广，拜李广为右北平太守。匈奴称他为"汉之飞将军"，刻意躲避，几年都不敢进犯右北平郡。

车骑将军卫青统率三万骑兵出雁门郡，将军李息出代郡，卫青斩首数千人。

《资治通鉴》这段记载，时间线并不清晰，但重要的是，它关乎武帝一朝三大名将的命运浮沉，特别令人唏嘘感叹。这里重点先看韩安国和李广。

上一年秋天，匈奴入寇，渔阳郡形势危急。武帝以时任卫尉的韩安国为材官将军，屯兵渔阳。[1] 在《史记·韩长孺列传》里，这件事发生在匈奴杀辽西太守，卫青出雁门郡对匈奴实施报复性打击之后。韩安国抓到了匈奴俘虏，得到的情报是：匈奴这一次撤军，是真的远走高飞，短时间内不会再来骚扰汉帝国边郡了。所以韩安国向武帝上书，说现在正是农忙时节，就别搞军屯了，借这个喘息之机好好抓抓农业生产。万没想到，军屯才停了一个多月，匈奴就再次大举入侵上谷郡和渔阳郡。韩安国被打了个措手不及，营垒当中只有七百多人，贸然出营接战，显然打不过匈奴，只好专心防御，眼睁睁看着匈奴掳掠了大批人口和牲畜。武帝得到战报，怒不可遏，派使者专门骂了韩安国一通，又把他支到了渔阳郡东边的右北平郡，因为当时有匈奴俘虏说匈奴人即将进犯汉帝国的东部边郡。

一代风云人物韩安国，在平定"七国之乱"时一战成名，晋身中央决策核心。但他毕竟是景帝朝的老

---

[1] 详见前文第095讲。

臣了，在武帝朝逐渐失宠，从权力核心被发送到了远方边郡，看着年轻人卫青迅速崛起，心里越发不是滋味。渔阳战败之后，韩安国虽然羞愧，但还是期待可以免去外放的差事回到长安，不料却被支到更加偏远的右北平郡，心里实在憋屈，最后呕血而死，到底意难平。

故将军李广

韩安国一死，右北平太守之职有了空缺，亟需填补。就这样，已被贬为庶人的李广一跃而升任二千石的郡太守。

依照《史记·李将军列传》的说法，关市之役后，李广论罪当斩，赎为庶人，就这样闲居好几年。这显然和《资治通鉴》的时间线不合拍，不过不必深究。李广虽沦为平头百姓，但过去的社交圈还在，经常和颍阴侯灌婴的孙儿灌强在终南山中打猎。某天夜里，李广和一名随从外出，回来经过霸陵亭。霸陵亭尉刚好喝醉了酒，呵斥李广，不许他们过路。随从解释说："这位是前任李将军。"没想到亭尉毫不通融，说现任将军尚且不能夜行，何况是前任将军。

李广没办法，只能在霸陵亭尉的喝令中留宿在霸陵亭下。没过多久，韩安国过世，武帝拜李广为右北平太守。李广趁机申请让霸陵亭尉跟自己一道赴任，到了任所就杀了亭尉。

这段内容从侧面说明了当时长安城存在宵禁制度，不仅城内，就连郊区也一样实行宵禁。这个故事在后世引发共鸣，人们直观感受到的主要是霸陵亭尉的小人嘴脸——明明只是个基层公务员，却拿着鸡毛当令箭，敢对李广这样的人物出言奚落。假如他只是恪尽职守，那么只要他好好跟李广解释自己不敢给任何人破例，不敢违反宵禁政策，李广可能并不会因此生出恨意，非要杀这样一个小人物不可。后人也有因此嫌李广心胸狭隘的，但要知道，汉朝的时代精神就是"滴水之恩必偿，睚眦之仇必报"，所以司马迁在记述这件事时，并不觉得自己是在渲染李广的人生污点。

霸陵亭尉奚落李广"今将军尚不得夜行，何乃故也"，这就留下了一个"故将军"的典故，也被写作"旧将军"。李商隐有一首同名绝句："云台高议正纷纷，谁定当时荡寇勋。日暮灞陵原上猎，李将军是旧将军。"正是借李广这则典故感叹当时的名将石雄功高被贬。在应酬类的诗歌里，也会用这则典故劝慰对方不要为一时的不遇而沮丧，再耐心等等，朝廷很快就会发来重新起用的诏书。苏轼曾经写诗给好友乔叙，当时乔叙想从文职换成武职，于是苏轼在诗的结尾半开玩笑地祝福："老去同君两憔悴，犯夜醉归人不避。明年定起故将军，未肯先诛霸陵尉。"（《铁沟行赠乔太博》）第二年，乔叙果真如愿，苏轼又写诗说："今年果起故将军，幽梦清诗信有神。"（《闻乔太博换左藏知钦州，以诗招饮》）

将军血性

那么问题来了：霸陵亭尉职位虽低，但好歹也是国家干部，李广公报私仇、公然杀人，就没想过后果吗？《汉书·李广苏建传》说李广斩杀霸陵亭尉之后，上书向武帝谢罪，看来他不算糊涂，知道这样做不对。武帝的回复特别精彩，说做将军的人就该有这种敢于报仇的血性，并且"怒形则千里竦，威振则万物伏"。如果恭恭敬敬地脱下冠，赤着脚，匍匐请罪，那还像个将军的样子吗？皇帝还能指望这种软蛋将军打什么仗呢？

但此话后人听起来就不大容易接受了。比如宋朝学者洪迈认为，汉武帝有刚毅冷峻的天性，所以听说臣下有擅自杀人的，非但不怪罪，反而加以褒奖，李广擅杀霸陵亭尉就是一例。这个先例一开，以

后擅杀之事还怎么管得住呢？（［宋］洪迈《容斋五笔·卷六》）

当然，反对意见也有。清朝学者姚莹实务经验丰富，认为武帝这番话深知将略：根据罪行轻重判定相应的处罚，这是基层干部之事，不是统帅之事。古代名将中，即便是又能打又懂礼的郭子仪、岳飞，也是犯过法的。法律条文很细碎，武人都是粗线条，稍不小心就会触犯。如果将军操练精兵，全是在教育他们应该怎样守法，这就叫不识兵情。（［清］姚莹《东槎纪略·卷四·覆笛楼师台湾兵事第二书》）言下之意，谨慎守法的军队是不会有战斗力的。

两种意见到底孰是孰非，从来都见仁见智，各有各的取舍。李广的故事到这里就先告一段落。